体育教程

主编 罗 亮

中国矿业大学出版社

内 容 提 要

本书主要讲述了篮球、足球、排球、乒乓球、羽毛球等运动的基本技术和战术方面的内容。

本书简化了竞技技术的描述,代之以通俗易懂的文字和较宽泛的要求,充分发挥了学生的主体作用,使学生从让我学到我要学、进而达到我会学的根本性转变,增加了健康教育、个性教育内容比重,向娱乐、休闲体育,养生、保健体育,生活体育方向倾斜,使课程改革大趋势与社会需要及学生发展需要结合在一起。

图书在版编目(C I P)数据

体育教程/罗亮主编. —徐州:中国矿业大学出版社,2010.3

ISBN 978 - 7 - 5646 - 0613 - 8

Ⅰ.①体⋯ Ⅱ.①罗⋯ Ⅲ.①体育—高等学校—教材
Ⅳ.①G807.4

中国版本图书馆 CIP 数据核字(2010)第 027018 号

书　　名	体育教程	
主　　编	罗　亮	
责任编辑	褚建萍	
责任校对	李　敬　何晓惠	
出版发行	中国矿业大学出版社	
	(江苏省徐州市解放南路　邮政编码 221008)	
营销热线	(0516)83885307　83884995	
网　　址	http://www.cumtp.com　E-mail:cumtpvip@cumtp.com	
排　　版	中国矿业大学出版社排版中心	
印　　刷	徐州中矿大印发科技有限公司	
经　　销	新华书店	
开　　本	787×960　1/16　印张 14.25　字数 356 千字	
版次印次	2010 年 3 月第 1 版　2010 年 3 月第 1 次印刷	
定　　价	28.00 元	

(图书出现印装质量问题,本社负责调换)

《体育教程》编委

主　编：罗　亮

编　委：（按姓氏笔画排序）
　　　　吕大勇　周洪福　施　萍
　　　　常　毅

前　言

　　为了贯彻党的教育方针,促进学生身心的全面发展,使其成为德才兼备、体魄强健的社会主义事业的建设者和接班人,根据教育部《全国普通高校体育课程教学指导纲要》的精神,结合多位长期在体育教学一线的骨干教师教学改革的实践经验,我们编写了这本《体育教程》。

　　本书的特色之处在于:一、先进的理念。坚持"健康第一"的指导思想,关注学生的身心健康水平,注重学生体育实践能力的培养,使学生不仅掌握体育的基本技能,更重要的是掌握体育锻炼的方法,学会运用体育的方法和手段进行科学的体育锻炼,为其终身体育服务。二、新颖的体系。紧紧围绕体育锻炼和健康这个核心,融合体育、心理、生理、休闲娱乐等多学科的理论知识,结合高校体育教学的特点,形成了以提高大学生的体育文化素养和体育实践能力的教材体系,以满足体育教学的需要。三、崭新的内容。从学生的实际出发,结合大学体育课改革的要求,删减了那些枯燥无味、技术难度大、令学生乏味的运动技术项目,精选了球类、健身、休闲娱乐等贴近大学生生活实际、符合大学生身心特点,体现时代性、发展性、民族性的教学内容,使教学内容更加实际、实用,满足了大学生的体育需要。

　　重视学生的主体地位是本书的突出特点。本书简化了竞技技术的描述,代之以通俗易懂的文字和较宽泛的要求,充分发挥了学生的主体作用,使学生从让我学到我要学、进而达到我会学的根本性转变,增加了健康教育、个性教育内容比重,向娱乐、休闲体育,养生、保健体育,生活体育方向倾斜,使课程改革大趋势与社会需要及学生发展需要结合在一起。在全书的编写中,施萍撰写第十二章、第十三章、第十四章;周洪福撰写第九章、第十章、第十一章;吕大勇撰写第二章、第六章、第十五章;常毅撰写第四章、第五章、第七章。编者撰写了其他章节并完成统稿、定稿。

　　在本书的编写过程中,我们还直接或间接地引用了许多理论和文献资料。在此,谨向文献的作者表示诚挚的感谢。本书还得到了中国矿业大学出版社及专家、学者的大力支持,在此一并致谢! 由于时间仓促,水平有限,不足之处在所难免,希望得到批评、指正。

编者

2009 年 6 月

目　　录

第一章　体育概述

第一节　体育的概念及组成

一、体育的概念

体育是一种社会现象，也是一种文化现象，是人类有目的、有意识的社会活动。这种社会活动体现了人类对健康、力量、和谐与美的追求，表现了对美好生活的向往。

在古代，体育只是人们强身、自卫、求生存的从劳动中演变而来的身体运动和社会活动；在近代，体育成了强身健体和娱乐身心的手段；在现代，体育已成为现代文明的重要象征，成为人们生活的重要组成部分。然而"体育"一词却出现较晚。在"体育"一词出现前，古希腊和日本等用"体操"来表示，我国古代使用"养生"、"导引"、"武术"来表示。据世界体育资料记载，"体育"这个词，是法国人于1760年首先使用的。直到1902年，我国学校才首次使用"体育"这一名称。

根据体育的演变和发展过程，《中国大百科全书·体育卷》中把体育概念分为广义的体育和狭义的体育。

广义的体育（亦称体育运动）是指以身体练习为基本手段，以增强人的体质、促进人的全面发展、提高运动技术水平、丰富社会文化生活和促进精神文明建设为目的的一种有意识、有目的的社会活动，属于社会文化教育的范畴，受社会政治和经济的制约，并为社会政治和经济制度服务。

狭义的体育（亦称体育教育）是一个发展身体，增强体质，传授锻炼身体的知识、技术和技能，培养道德、品德和意志的教育过程。它是学校教育的重要组成部分，是培养全面发展人才的重要方面。

二、体育的组成

我国现代体育包括学校体育、社会体育和竞技体育三方面内容，且三者是不能相互代替、混淆的。

1. 学校体育

学校体育既是学校教育的重要组成部分，又是学校教育的重要手段，也是全民体育的基础和重点。为了达到教育、教养及发展的总目标，学校体育按不同教育阶段和年龄特征,通过体育课程、课余体育训练和课外体育活动等基本组织形式,以"育人"为宗旨,以"发展身体"为核心,全面实现学校体育的各项任务。

随着社会的不断发展,体育科学化、社会化、娱乐化和终身化的发展趋势已明显呈现。现代学校教育不仅注重增强体质、增进健康的实际效益,还必须着眼于学生个体生存、发展和享受的需要。为全面推进素质教育、丰富课余文化生活、加强校园精神文明建设服务,为培养"德、智、体"全面发展的合格人才服务,并为终身体育和养成一种健康向上的生活方式奠定良好的基础。

2. 社会体育

社会体育是指人民大众为达到健身、健美、医疗、康复、娱乐和休闲等目的而进行的内容广泛、形式多样的体育活动。国内外经常提到的娱乐体育、休闲体育、余暇体育、社区体育、养生体育、医疗体育等均属于此范畴。由于它吸引的对象主要是一般民众,其中包括男女老幼及伤病残老,活动领域遍及整个社会乃至家庭,所以堪称是活动内容最广、表现形式多样、适应性较强、参加人数最多的一项群众性体育活动。它作为学校体育的延伸,可使人们的体育生涯得到继续维持并受益终身。

社会体育开展的广泛性和社会化进程,取决于国家经济的繁荣、生活水平的提高、体育观念和消费观念的更新、余暇时间的增加和社会环境的安定。目前世界上已有150多个国家推行全民健身计划,我国政府自《全民健身计划纲要》实施以来,全民体育意识大大增强。除廉价型的"公园体育"仍旧热度不减外,不少人已逐渐改变了体育观念,注重健康投资,开始把健身器械引入家庭。因此,社会体育是现代社会的一种生活方式,也是提高生活质量必不可少的手段。

3. 竞技体育

竞技体育是为了最大限度地发挥和提高人们在体格、体能、心理、智力以及运动能力等方面的潜力,为取得优异竞赛成绩而进行的科学的、系统的训练和竞赛活动。激烈的对抗性、高度的竞争性、超人的技艺性和超越自我、勇攀高峰的拼搏精神,是竞技体育的主要特征。它在活跃社会文化生活、振奋民族精神、促进各国人民之间的友谊和团结等方面都有着特殊的作用。

竞技体育在现代奥林匹克运动的推动下,已有50多种国际比赛项目,并设有相应的国际体育组织和单项运动协会。为了发扬奥林匹克精神,在追求"更高、更快、更强"目标的同时,又提倡"公平竞赛"和"参与比取胜更重要"等原则。

三、体育的地位和功能

(一)体育的地位

体育是全面体现教育方针,培养德、智、体全面发展现代化人才的重要途径。

没有健康的体魄便难以完成在校期间繁重的学习任务,也难以在祖国建设中发挥更大作用。体育不仅能提高学生的基本体育理论知识、基本体育技能、增强学生体质,而且能提高学生的心理素质、敏锐的思维能力,还可以培养学生高尚的道德品质、勇敢顽强的毅力和集体主义、爱国主义精神。

体育关系到国家的声誉和国民素质的提高,也是关系到中华民族千秋万代健康幸福的大事,体育已是社会主义现代化建设事业的重要组成部分,也是全面建设小康社会的重要内容。中共中央、国务院 2002 年 7 月 22 日发布了《关于进一步加强和改进新时期体育工作的意见》(以下简称《意见》),文件明确提出:"加快我国体育事业的全面发展,满足广大人民群众日益增长的体育文化需求,并借此推动我国社会主义物质文明建设和精神文明建设的发展,是全党、各级政府和全国各族人民的一项共同任务。"《意见》强调:"要充分认识体育在经济、社会发展中的重要地位和作用。"体育是社会发展和人类文明进步的一个标志,体育事业发展水平是一个国家综合国力和社会文明程度的重要体现。

(二)体育的功能

体育的功能是体育本质属性的反映,它是确定体育目的、任务的主要依据。其功能是从促进社会物质文明和精神文明中表现出来的。下面重点论述体育的五大功能。

1. 体育的健身功能

强身健体是体育最主要的本质功能,体育的其他功能都是由它派生出来的。体育是通过身体运动的方式进行的,它要求人体直接参与活动,这个特点就决定了体育有健身功能。

(1)体育对促进健康的作用

① 实践证明,科学地从事体育锻炼,对改善大脑供血和供氧、提高中枢神经系统的适应能力、加速新陈代谢、提高人体的免疫力、延缓衰老都有明显的效果。

② 通过各种体育锻炼,可以促进心理调节能力的提高,有利于排除各种不健康的心理因素,使人体在与环境的和谐统一中变得欢乐、活泼,最终达到精神健康的目的。

(2)体育对增强体质的作用

实践证明,科学的体育锻炼,不仅有利于骨骼、肌肉的生长,促进身体形态与内脏器官正常发育,而且还能提高人体对外界的适应能力,改善血液循环、呼吸、消化等系统的机能状况,使人的"防卫体力"得到提高。另外,系统进行体育锻炼对发展力量、耐力、灵敏性、柔韧度等素质有十分明显的功效。这表明,当"防卫体力"和"行动体力"得到同步发展时,人体就能充分发挥潜在的运动功效,改善对环境的适应能力,最终达到增强体质的目的。

2. 教育功能

体育的教育功能是体育最基本的派生功能。其突出表现在它已被广泛地纳入各国的教育体系之中。体育作为一种特殊的社会现象，不仅本身是学校教育中不可缺少的重要组成部分，而且对整个社会所产生的影响也是非常深刻的。

3. 娱乐功能

随着社会的不断进步和发展，社会余暇时间不断增多。人们在紧张的劳动之余，要求有高度的精神文明生活。由于体育运动所显示的高难度性、惊险性、艺术性、默契性等，不仅给人以健、力、美的享受，而且越来越多地吸引人们自觉地投身其中，成为人们余暇生活的一部分。这不仅丰富了社会文化生活，而且满足了人们的精神需要。

4. 政治功能

体育在为各国外交政策服务方面所起的作用是众所周知的。最典型的事例就是中国的"乒乓外交"，用和平的方式促使中美两国关系的正常化。另外，体育在宣传民族自强和爱国主义精神方面所起的政治作用也是不可低估的。

5. 经济功能

社会生产力是生产方式发展中最革命、最活跃的因素。生产力的提高是社会经济发展的重要标志。人是生产力中最具有决定性的因素，而身体素质是人的各种素质的物质基础。体育能提高人的素质和基本活动能力，从而大大提高劳动生产率，促进社会经济的发展。

第二节　我国体育的发展

一、我国古代体育

具有五千年悠久历史和灿烂文化的中华民族，有着爱好健身、注重养生的优良传统。据史料记载，在我国商代就出现"大学"和"庠"两级施教的学校教育，即有目的、有意识的身体教育。始于殷商教育中的主要内容之一——军事方面的活动，以礼（礼仪）、乐（音乐）、射（射箭）、御（驾车）、书（识字）、数（计算）为教学内容，其中乐、射、御中均有体育的因素。春秋战国时期，由诸侯争霸掀起的崇尚习武、由文化进步引发的养生认识、由经济繁荣衍生的民间体育，为我国古代体育的发展创造了良好的条件。当时已经有人有意识地用专门创造的运动——呼吸运动和徒手体操相结合的引导方法锻炼身体，养护生命。中国古代传统体育是在人的意识、精神主导下有目的的形体活动，它所包含的导引、气功以及后来创编的五禽戏、太极拳、八段锦等，是中国古代养生活动的重要内容。西汉时期的医学经典《黄帝内经》中提倡运动养护、康复、治疗、卫生保健、精神修养、适应环境等方法,把影响人类生命活动及自身身体健康的各种因素作为手段,是中国古人对人体健康长寿方法系统的总结。明清两代,各种深受群众欢迎的习武、娱乐、养生等体育活动初步形成了完整的体系。

二、我国现代体育

新中国成立以来的历届党和国家领导人都十分重视体育工作,作出了许多重要指示,为体育事业的健康发展指明了方向,并采取了一系列有力措施。1950年6月19日,毛泽东主席写信给教育部马叙伦部长,信中说:"要注意健康第一,学习第二。"在这一精神的指导下,各级学校展开了"以健康教育"为内容的各项工作。1952年6月10日,毛泽东主席为中华全国体育总会第二次的召开亲笔题词"发展体育运动,增强人民体质"。1953年,在中央讨论体育工作时,毛泽东主席进一步提出:"体育是关系到六亿人民健康的大事"。1951年8月6日,政务院根据周恩来同志的指示颁布的《政务院关于改善各级学校学生健康状况的决定》中指出:"增进学生身体健康,乃是保证学生完成学习任务,并培养出具有强健体魄的现代青年的重大任务之一。"邓小平同志也多次指出要"把体育运动普及到广大群众中去"。1995年初,江泽民总书记在接见中国体育界代表时说:体育工作很重要的问题就是增强人民体质,这是一个国家富强、文明的指标。单纯有钱不行,单纯有经济实力也不行,必须把12亿人民的体质提上去。他在全国第八届全运会召开前夕,为体育工作者挥笔题写了"全民健康,利国利民,功在当代,利在千秋"。新中国成立以后,建立和健全了一系列体育行政法规、方针、政策,如《学校体育工作条例》、《学校卫生工作条例》等。1995年6月20日,国务院发布《全民健身计划纲要》,同年8月,全国人大常委会以全票通过《中华人民共和国体育法》。2007年4月23日,胡锦涛总书记主持召开政治会议专门研究青少年体育。2007年4月29日,"全国亿万学生阳光体育运动"在北京全面启动,并于5月7日公开发布了《中共中央国务院关于增强青少年体质的意见》。

如今,遍布我国城乡的各类体育娱乐场所,为人们提供着多姿多彩的体育娱乐项目。60多年来,我们的体育人口迅速增长,据有关资料统计,我国现有体育人口约占总人口的百分之三十,大大高于发展中国家的平均水平。

竞技体育成就举世瞩目:2008年8月8日到8月24日,北京成功举办的第29届奥林匹克运动会,这是在奥林匹克运动史上留下辉煌一页的体育盛会。中国体育代表团共1099人,其中参赛选手639人,创中国历届奥运会参赛人数之最,也是本届奥运会参赛运动员最多的代表团,取得了51枚金牌、100枚奖牌的优异成绩,第一次名列奥运会金牌榜首位。

我国体育已从满足人们原始的、低层次的生存需要,发展到对人整体素质的培养,因而具备了提高全民族身心素质水平的独特的社会价值和功能,赢得群众的喜爱,受到世界瞩目,中国体育正朝着社会化、科学化、国际化的方向发展。

第二章　现代生活方式与休闲体育

生活方式是一个内容相当广泛的概念,它包括人们的衣、食、住、行、劳动工作、休息娱乐、社会交往、待人接物等物质生活和精神生活的价值观、道德观、审美观等,贯穿人类的社会生活和精神生活的始终。社会的人们正承受着社会高速发展所带来的现代"文明病"以及一系列的心理问题,不良的生活方式已经成为人类社会亟待解决的问题。休闲体育作为一种新兴的体育手段,以体育活动为媒介,具有促进生理健康和心理健康的双重作用,可以使人们在身体活动中增进健康,在休闲娱乐中宣泄压力。休闲体育的出现,是现代社会的需要,是人们在探求科学、健康生活方式中的产物,休闲体育已经成为现代人必不可少的生活要素,是养成科学、健康生活方式的重要手段。

第一节　休闲体育的兴起

现代社会生产力的飞速发展,把人类社会的文明推向一个新的顶峰。现代科学技术不仅给人类提供知识和方法,而且也深刻地改变着人们的生产、生活方式。随着科学技术的发展,生产过程的自动化程度日益提高,劳动力结构向智能化趋势发展,体力劳动与脑力劳动的比例不断地发生变化,科技型人员将成为社会的主体劳动者;现代科学技术使劳动工具发生了巨大变化,社会劳动从体力劳动型向智能型转化;信息技术、生物科学等技术的发展,给社会的进步创造了物质财富,它改变了人们的生活方式,使生活变得越来越舒适,生活的内容也愈加丰富多彩。各种交通工具使人们感到方便快捷,各种通讯方式使人足不出户便知天下事,各种上门服务让人长期待在一套房间里也感觉不到不便之处。但是,由于人们的生活节奏和工作节奏加快,身体活动减少,人际交往减少,人们迫切需要丰富多彩的健身娱乐活动来缓解工作压力和现代生活带来的灰色健康,因此,健身项目的开发推广是一项符合时代需要、有生命力的活动。

一、现代生活方式

1. 社会变革与生活方式

生活方式可以理解为在一定的历史时期与社会条件下,各个民族、阶级和社会群体的生活模式。生活方式是一个历史范畴,不同社会、不同历史时期,有着不同的生活方式。

在人类历史的发展过程中,原始社会人类的生活手段主要依靠狩猎采集,其生活方式主要表现在生存和斗争方面,与自然界保持着同样的节奏。特别是在封建社会,人类的生活方式主要以农耕式的与自给自足的自然经济紧密联系的相对封闭、繁忙的体力劳动为主。这个时期春种、秋收的生活节奏非常缓慢,虽然出现了阶级的不平等,但是大多数人处于相对平等的社会底层,靠天吃饭,没有绝对意义上的竞争和压力。工业革命的爆发,使人类社会迎来了一种全新的生活方式,发达的商品经济和科技革命将人们的生活同商品、市场紧紧地结合在一起。生产方式的革命性变革给人们的生活带来一种机械化的节奏,生活节奏以前所未有的频率从人们的生活中表现出来。现代社会的经济高速持续发展和科技的飞跃发展使人类社会的物质文明和精神文明达到了前所未有的高度,但同时也带来了现代社会激烈的竞争、巨大的心理压力以及现代"文明病"的蔓延等问题。

2. 现代生活方式对人体健康的影响

生活方式是影响人体健康的重要因素。有报告称对于美国死亡率前 10 位的疾病,行为和生活方式是首要的致病因素。美国通过 30 年的努力,使冠心病的死亡率下降 40%,脑血管疾病的死亡率下降 50%,其中三分之二是通过改善行为和生活方式而取得的。据我国学者调查,中国人的死因构成中,生活方式占 4417%,其中"不良的消费类型"占 89.11%。1993 年 4 月在北京召开的 WHO 慢性传染病控制综合规划中心主任会议预计,到 2015 年死于不良生活方式的人数占发展中国家总死亡人数的 60%,发达国家达 75%,不良生活方式将成为人类的头号杀手。在现代青少年儿童中,近视、肥胖、精神障碍等疾病的发病率极高,而这些疾病的病因大多与学习压力大、缺乏身体运动以及营养过剩等生活方式有关。然而在现实生活中,许多人却常常忽略甚至轻视生活方式的不良影响。比如,现代中国传统的饮食习惯已经被打破,大量摄食肥甘厚味,强食过饮已成为普遍现象。经统计,各种职业 1 005 人中嗜肥甘者 292 人,约 29%,其中嗜酒者(每日饮、经常饮或每次 200 mL 以上,为暴饮者)有 127 人,约 13%。并且有关资料表明近 20 年来,我国吸烟人数仍持续增长,由于烟民年龄开始低龄化,吸烟对健康的危害更大。社会的进步和科技的发展也不断影响现代人的生活方式。比如各种交通工具的使用,改变了传统的步行方式;各种上门服务减少了人们出门选购的次数等。

二、休闲体育

(一)休闲体育的概念

《体育科学词典》中休闲体育是指人们在闲暇时间里,为了强身健体,丰富业余文化生活,娱乐身心所参加的形式多样的各种体育活动。

我们认为,从社会结构的角度看,休闲体育是人在社会中的时间结构、活动结构和心理结构的复杂统一体,是人的生活方式的重要组成部分。它是一定社会发展阶段中的人通过体育行为表达的一种价值诉求——身心和谐发展。

从国内外较为认同的休闲定义看,休闲是人在闲暇时间里以某种活动为依托,为满足以恢复身心健康状态,充实和丰富生活,完善自我为目的的一种积极的生活方式。

因此,我们将休闲体育定义为:休闲体育是人们在闲暇时间里自愿借助体育活动的形式所表现的一种休闲生活行为方式以及这种休闲生活行为方式中各种体育现象的总称。其内涵是:休闲体育是一种借助体育的休闲现象,是休闲的一种表现形式。其外延是:休闲体育包括一切以休闲为目的的体育活动和体育行为。

从休闲与娱乐的概念和关系看,娱乐是一种重要的休闲内容,但休闲的内涵比娱乐的内涵要大得多。我们可以说闲暇时间内自愿的学习活动是休闲,但却很少说学习是娱乐活动。因此,娱乐是休闲,但休闲不一定是娱乐。同理,娱乐体育是重要的休闲体育形式,但并非所有的休闲体育都是娱乐体育。

(二)休闲体育的功能

(1)娱乐身心,健全人格,促进人的全面发展;

(2)丰富生活,促进社会先进文化和社会和谐;

(3)推动休闲产业,是社会经济发展的加速器。

(三)休闲体育的特征

(1)消遣性。人们的休闲体育活动以兴趣为动力,人们一般只依靠自己的兴趣去选择活动内容并决定活动的时间和数量,目的在于通过这种体育活动方式去锻炼身体,寻求娱乐和消遣、休息,由此得到心理的满足和精神上的享受,因此具有明显的消遣性特征。

(2)时间性。休闲体育是在闲暇时间中的一种体育形态,它首先包含着闲暇的时间观念,可以用时间尺度进行衡量,没有闲暇时间也就无所谓休闲体育。

(3)活动性。休闲体育是人们参与的一种活动性的休闲表现形式,它不是一种静止的状态,而是一种动态的过程。休闲的实现不仅需要心灵的状态,还需要行动作为载体。没有行为载体的绝对精神层面的休闲是不存在的,因此,休闲体育是人们一种实实在在的活动性的休闲方式。即使是观赏性的休闲体育活动或下棋、练气功等静态的休闲体育活动,也是包含心理活动在内的一种具体的行为。

(4)自主性。从哲学意义上讲,自主指的是人们能够自行其是。从功能的角度上讲,自主是一种生活能力,也是一种从事休闲体育活动的能力。人们参与休闲体育活动是自主性的行为,表现在其选择的活动内容、活动的时间、空间以及与之有关的一切,都是由行为者自己决定的。

（四）中国休闲体育兴起的社会背景

休闲体育是人类自古以来就有的一种度过闲暇时间的生活方式。但不同的历史阶段,人们的休闲体育意识和休闲体育状况不同。伴随着中国小康社会的来临、经济的发展、文明的进步,休闲体育生活越来越受到人们重视。

在小康社会建设过程中,社会生产力水平不断提高,使人们的物质生活更加丰富,闲暇时间增多,文化精神需求增加,休闲理念和休闲生活意识融进了小康社会建设过程中,改变了近代社会单纯以经济增长为核心、以获取高额利润为目的、忽视人类自我完善的社会发展模式。人们转变了传统的休闲只追求恢复体力,局限于生理上的休养生息的认识,开始从休养生息转变到全面发展,从闲暇是为了更好地工作转变为工作是为了更好地休闲。人们的休闲意识、生活质量意识、生命质量意识在不断增强。在这种背景下,各种休闲方式受到了人们的青睐,作为人们重要休闲方式的体育活动自然也不例外。

概括而言,中国休闲体育兴起的社会基础主要有三个方面。

（1）小康社会经济的发展是休闲体育的催生剂。休闲体育的发展与人们的生活水平和生活方式有直接的联系。在全面建设小康社会过程中,我国经济获得了迅速发展,物质财富极大地丰富起来,这为人们提供了更加丰富多彩的物质生活和舒适的物质生活环境,人们的物质生活水平和物质生活质量不断提高,同时,也为提高人们的精神文化生活水平创造了较好的条件。在这种背景下,包括休闲体育在内的文化消费大增,休闲活动开始成为城镇居民生活方式的重要组成部分。

（2）闲暇时间增多是休闲体育兴起的基本条件。闲是休闲的前提。中国进入小康社会之后,社会生产力的巨大进步将带来人类社会物质生活条件的极大改善,使人们的休闲时间在社会历史的发展过程中第一次超过了工作时间。休闲时间与社会生活紧密地联系在一起,从而有利于休闲意识渗透到人们闲暇生活的各个方面,生活休闲化成为当代生活的潮流。闲暇时间增多为休闲体育创造了开展条件。

（3）休闲体育意识增强促进了人的休闲体育行为自觉。小康社会中以先进文化与促进人的全面发展为特征的精神文明为休闲体育大众化奠定了思想基础。随着中国社会进入到总体小康社会,物质的丰富、社会的进步使人们的体育观念发生了本质的变化。人们已经从生产—休息—生产的定势逐渐转向生产—休闲—娱乐的新理念、新追求。

第二节　休闲体育的发展趋势

随着社会的进步和国民素质的提高,休闲体育逐渐成为社会的体育活动主流之一,从其发展的趋势看有以下几点。

1. 回归自然、亲近自然的趋势

近年来,休闲体育活动明显向自然倾斜,与自然亲近的体育活动大受欢迎。其原因除了在现代化过程中,工业取代农业,城市取代农村,人工环境取代自然环境,使人们远离自然而产生回归愿望外,环境恶化引发的环保意识,也使以阳光、空气、水等自然力增进健康的绿色自然体育大行其道。

人们根据体育活动接触自然环境的种类,将自然类的休闲体育分为亲空类、亲水类、亲绿类、亲土类等。

亲空类:滑翔运动、热气球运动、跳伞运动等。

亲水类:海水浴、冲浪运动、帆船、帆板、潜水等。

亲绿类:森林浴、原始林地探险等。

亲土类:登山运动、定向运动、野营等。

2. 挑战自我、实现自我的趋势

现代社会变迁使人们的生活方式、生活意识、休闲模式发生很大变化。个性发展、自我实现已经成为休闲生活的主要诉求。反映在休闲体育方面,以挑战自我、实现自我为主要目标的极限体育受到推崇。人们通过追求刺激和成就感,放松身心,解放自我,建立信心,发展个性。这类休闲体育主要包括以下运动。

野外挑战运动:野外生存锻炼、定向越野运动、野外探险、野外攀岩等。

超级马拉松运动:百公里跑、24 小时跑等。

除此之外还有漂流运动、蹦极运动等。

3. 改善人际关系、丰富社会交往的趋势

随着信息技术的进步,通讯工具有了很大的发展,人们的交流变得越来越方便,但人们的面对面交流机会越来越少,以至不得不借助某些活动进行人际交往。

由于休闲体育活动时,人们处于适宜的兴奋状态,比较容易沟通,加上运动环境比较轻松自然,有利于开展社交活动。这类休闲体育主要体现在组织形式和活动内容上,包括:俱乐部体育、社区体育、家庭体育、节假日体育。

4. 促进健康、健美的趋势

现代社会工作和社会压力较传统社会更大,人们需要通过休憩、保健等手段来恢复身心。生活意识的变化使人们对美的追求更加强烈,体格健美成为各年龄段人群追求的目标。人们的健身、健心、健美需求不断扩大,以至形成最便利、最大规模的体育的支柱性产业。

5. 改善生活、创新生活的趋势

现代社会的休闲活动包括消极无为和积极创新两种现象。

休闲体育将成为一种重要的积极休闲生活方式,它无可比拟的休闲参与价值使其成为人们休闲时的重要选择。未来社会人们将更加追求健康,健康保障将成为人们生活价值观中首要追求的目标。典型的积极、创新性的休闲体育活动有:

新兴体育项目(指对一些竞技体育项目进行改良,使其成为合适的大众体育项目);体育旅游(含度假体育等);挑战性体育;趣味性体育等。

6. 休闲体育教育化的趋势

休闲体育属于必须通过学习的休闲活动。休闲体育作为人类的走、跑、跳、投、攀登、爬越等基本生活技能的游戏性表现形式,已成为一门学问。怎样玩得有乐趣、玩得有助于健康、玩得科学,就必须学习科学的运动知识,掌握正确的运动方法。

第三节　休闲体育的作用

休闲体育因为受场地等条件的影响较小,因而已经被广大群众所接受,休闲体育的作用也逐渐表现出来,具体有以下几点。

1. 休闲体育促进生理健康

休闲体育作为体育的一个组成部分,对促进人体的生理健康具有非常重要的作用。首先,休闲体育主要活动方式是有氧运动。有氧运动可以提高人体的心肺功能,提高血液携带氧气的能力,减小动脉硬化的形成概率,提高各器官的生理机能,改善体内物质代谢过程,促进骨质钙化,增强肌肉组织的力量和弹性,加强关节。第二,休闲体育活动可以提高机体免疫功能,减少疾病的发生。人体的免疫功能分为非特异性免疫和特异免疫两大类。主要包括三个方面:机体抵抗外界传染性因子的免疫防护功能;机体清除损伤和死亡细胞,维持自身生理平衡的自身稳定功能;对机体监视,发现并清除突变细胞的免疫监视功能。免疫功能对于人体的抗病能力,体质的强弱有着非常重要的作用。长期适宜的休闲体育活动,不仅可以提高人体的免疫功能,有效减小现代"文明病"的发病概率,还可以使人们在休闲活动中获得愉悦的心情。

2. 休闲体育促进心理健康

首先,休闲体育活动能够提高人们的认知能力和情绪的掌控能力。现代心理学研究表明,认知活动主要是由大脑高级神经中枢进行,通过参加休闲体育活动,不仅可以缓解神经系统的疲劳,还可以促进神经系统的新陈代谢,提高神经系统的兴奋性。首先,在休闲体育活动的过程中,人们可以获得丰富的情感体验,提高对情绪、情感的认识和掌控的能力,有助于个体积极良好社会态度的形成。其次,休闲体育活动能够克服个体心理障碍,有效防止心理疾病的发生。在休闲体育活动中,通过个体运动技能的展示,或者是团队之间的相互配合,可以有效地克服个体自闭、自卑、孤僻等心理障碍。休闲体育的项目众多,个体一定可以找到一项自己特长的项目,从而有助于自信心的建立,克服心理障碍,减少心理疾病的发生。此外,休闲体育活动还可以增强团队意识,促进和谐人际关系的营造。

3. 休闲体育促进人的全面发展

每个人的全面而自由的发展,是马克思描绘的未来理想社会的基本特征和基本内容。人的全面发展包括人的各个方面、各种能力的发展,而身体的发展则是一切发展的根本。休闲体育以体育活动为主要手段的特点,在促进身体的全面发展上的功能是不言而喻的。此外,休闲体育所包括的种类繁多的项目,能够满足每个人的个性和能力发展的需要,使每个人的个性得到充分补充的同时,提高人们各个方面的能力。最重要的是,休闲体育已经发展成为人们的一种现代化的生活方式,或者说已经成为现代人们实现自我人生价值的一条重要途径。在这里,休闲体育已经上升为一种人类精神层面上的追求和寄托,通过对大自然和人类自身极限的挑战,磨炼出勇敢、坚韧的优秀品质和永不服输的顽强精神。这种优秀品质和精神同样会对人的工作、学习和生活产生积极的影响,从而成为现代生活方式的最高表现形式。

4. 休闲体育可以倡导健康文明的社会风气

在休闲方式上,人们存在着两种截然不同的对立观念,即"积极"与"消极"。如果不用积极向上的休闲方式来填充闲暇,就有可能出现"游手好闲"的情形。根据调查,90%的青少年犯罪者都是在闲暇无事的情况下从事犯罪活动的,而积极的体育休闲和比赛,可以大大减少青少年犯罪、社会危害和暴力行为。

5. 现代休闲体育可以增加就业机会,促进第三产业的发展

体育作为休闲的一部分,形成的服务产业众多,其产业关联也很高。休闲体育除了有一部分属于政府提供的公益性服务外,很大一部分是企业、财团、商家、俱乐部和个人投资开展的,是非公益性的。但不论是公益性还是非公益性,都需要大量的相关服务人员、管理技术人员,这就无形中提供了大量的工作机会。1994~1995 年,加拿大体育休闲产业产值为 88.58 亿美元,占加拿大国内生产总值的 1.1%。

由此可见,休闲体育也成为当今社会不可缺少的一部分。休闲体育不仅能够满足人们闲暇时间的消遣需求,也能够满足当代社会的健康诉求,并且对丰富社会文化生活、促进社会主义精神文明建设具有重大的意义。因此,休闲体育是全面建设小康社会的一项重要内容,它将越来越受到社会大众的喜爱而成为人们生活方式的一个重要组成部分。

第三章　高等学校体育教育

第一节　目的和任务

一方面,高校体育教育是属于教育学和体育学的一个学科层次,应该充分体现体育和教育的共同属性,高校体育既是大学教育的重要内容,也是大学教育的重要手段。另一方面,高校体育作为体育的重要组成部分,在培养全面素质的人才中所起的作用是其他教育形式所无法替代的。

一、目的

高等学校体育课为必修课,学生必须完成规定的课时和内容,其目的是:以"育人"为宗旨,以"健康第一"为指导思想,以"发展身体"为主要手段,培养大学生体育与健康的意识、能力和习惯,提高体育文化素养,促进身心和谐健康发展,使之成为体魄强健,德、智、体全面发展的社会主义现代化事业的建设者和接班人。

二、任务

高校体育的目的是通过完成以下五方面的任务来具体实现的。

（一）增强学生体质,促进学生身心健康

强身健体、全面发展学生身体是高校体育工作的中心任务之一。针对大学生各生理系统的机能和新陈代谢水平不断增长的有利时机,通过体育锻炼促进他们身体各器官系统的生长发育;提高大学生的身体素质和基本活动能力,塑造健美的体态,提高对外界环境的适应能力和对疾病的抵抗能力。充分发挥体育锻炼对大学生心理健康的影响作用。通过体育锻炼改善大学生的情绪状态,提高智能水平,培养坚强的意志品质,预防心理疾病,促进大学生的身心和谐发展。

（二）掌握体育的基本知识、技术和技能

高等学校的学生是否具备锻炼身体的习惯和树立终身体育的意识,在很大程度上取决于他们是否掌握了一定的体育基本知识与技能,并运用所学到的科学知识进行自我调整、自我检测和自我评价。学生若不具备一定的体育知识和技能,他们也难以坚持锻炼。所以,高校体育必须通过各种途径和手段,培养学生的体育兴趣,向他们传授体育基本知识和科学锻炼身体的方法,培养他们的运

· 15 ·

动习惯,提高他们的运动技术水平,为终身体育锻炼奠定良好的基础。

（三）培养良好的思想品德、意志品质和道德情操

作为高校教育重要组成部分的高校体育,在整个教育过程中,必须充分发挥体育的特点和优势,通过体育教育的过程,有效地使之与德育、智育、美育有机结合,互相促进,特别应面向全体学生,强化学生思想品德等方面的教育。为此,大学生在体育教育的过程中,也必须自觉树立锻炼身体的信念,主动培养体育意识,培养团结友爱、吃苦耐劳、朝气蓬勃、拼搏进取的优良品质,培养自信心、自制力、勇敢顽强的开拓创新的精神,以及文明健康的行为规范和生活方式,促使自己在德、智、体、美等方面都得到发展。

（四）培养学生审美和创造美的能力

审美是当代人应有的文化素质,针对审美意识的培养,在教育活动中随处可见。由于活动的直接参与性、动态性和身心合一性的特点,有利于审美意识的培养,小到对服务、动作、表情、形体,大到对环境、气氛、情感及道德情操的耳濡目染,将引导学生逐步具有发现美、鉴别美、创造美的审美意识与行动。

（五）培养高水平的运动员

体教结合,坚持育人与育才并举,是实施奥运战略,使竞技体育可持续发展的一种创举,也是我国体育教育普及与提高的重要环节。高校应在广泛开展群体活动的基础上,对部分体育基础好并有一定运动专长的大学生进行有计划的课余运动训练,举办各类体育竞赛活动,既可丰富校园文化活动,又可为国家培养全民健身骨干和竞技运动后备人才。

第二节　高等学校体育教育和基本组织

《学校体育工作条例》规定:"学校体育工作是指体育课教学、课外体育活动、课余体育训练和体育竞赛"。这是学校体育的基本组织形式,由此而构成了学校体育工作整体,各高等学校都应根据这一规定,从实际出发,充分运用各种体育形式,努力开展高校体育活动。

一、体育课

体育课程的目的是通过科学的教学过程和体育锻炼过程,使学生增强体育意识,提高体育能力,养成体育锻炼的习惯。根据高校体育的总体目标和不同的教育对象、不同的阶段,高校可有的放矢地开设不同类型的体育课。高校体育课程主要有如下几种类型。

1. 普通体育课

普通体育课是专门为一、二年级学生所开设的必修课,教学内容具有基础

性,教学要求具有普遍性,完成体育教学大纲中的基本任务。凡身体健康无残疾的学生都必须按规定要求通过考核标准。

普通体育课有严格的学时规定及学籍管理制度,但为了提高培养跨世纪人才的质量,主动适应社会主义市场经济体制的需求,目前围绕教学大纲、教材体系、教学俱乐部等重大问题,提出"课内外一体化"这一新概念,加强教育俱乐部制等改革措施的实施力度,对体育课程建设必将产生积极的影响。

2. 选项体育课

选项体育课的任务是在完成全面身体训练的基础上,以某一类运动项目为主要学习科目,使学生掌握该项目科学锻炼的基本理论和方法,培养其锻炼的兴趣和习惯,并提高其对体质和健康的自我评价。学生可根据自己的需要、兴趣、爱好和特长,在体育教研室所规定的一些项目中有选择地在教师统一指导下进行某一项目的学习,进一步提高该项目的理论水平和实践能力,为"终身体育"打下良好的基础。

3. 体育保健操

体育保健操专为有慢性疾病或有残疾的学生开设。其目的在于增强体力,帮助恢复健康,调节生理功能,矫正某些身体缺陷,使一部分大学生身体逐步达到健康标准,从而转入普通课或选项课的学习。

4. 选修课

选修课并不是公共体育课中的一种形式,它属于学校特设课程,也可称为任意选修课,是为了发展学生多方面智能、扩大知识面、合理构建知识结构、充分利用课外时间而设的课程。学生可根据个人兴趣和爱好等选修课程。

二、课外体育活动

1. 早操

早操应根据大学生个体的兴趣与需要,根据气候条件,选择多种多样的形式,可以开展健身跑、广播体操、武术、太极拳、散步、健美操等项目。大学生坚持做早操,不仅是坚持必要的生活制度、养成良好的生活习惯、促进身心健康的重要措施,也是每天从事脑力劳动的准备活动,它可以活跃生理机能,促进有机体以良好的状态进入一天的学习生活。

2. 课间操

课间活动是文化课后在教室周围进行的几分钟轻微活动或两节课后休息期间进行的体育活动。其目的是活动躯体,进行积极性的休息,为下一堂课的学习注入更充沛的精力。课间活动时间一般为3~10分钟。形式以个人活动为主要形式,以散步、广播操等为主要内容。

3. 课外体育锻炼

课外体育锻炼一般指学生在学校课余时间内参加的体育锻炼。由于课堂教学时间有限，许多实践内容需要在课外活动中进一步提高和深化。形式以班集体、单项体育协会为主，也可以结合个人锻炼，还可结合小型多样的竞赛活动。各校运动可以从实际出发，因人、因地、因时制宜地开展活动。

4. 全校性的运动会和体育节

一年一度的校田径运动会、体育节以及各个项目的联赛把各个高等学校的体育教育推到了本年度的高潮。这样可以调动学生参加体育活动的积极性，丰富校园文化生活，增强学生的集体荣誉感。

三、课余体育训练和体育竞赛

课余体育训练与体育竞赛是高等学校利用课余时间对部分身体素质较好并有体育专长的大学生进行系统训练的一种专门教育过程，是实现高等学校体育目的的重要组织形式之一，它有助于提高我国大学生运动技术水平。参加不同层次的竞赛，还能为学校培养一支体育骨干，有利于推动学校群众性体育活动的开展。

第三节　高校体育与终身体育

终身体育是在第二次世界大战后终身教育思潮发展的影响下提出来的。终身体育被视为新世纪的体育思想，也是随着现代科学和教育的发展而产生的，终身体育是当代体育的一种发展趋势以及关于这一趋势的理论。作为教育组成部分的学校教育也必然受到终身教育的影响，提出"终身体育"的观点，所以在大学学习期间要树立正确的终身体育观。

一、体育是终身体育的重要组成部分

从生理学的角度来看，体育锻炼是对机体给予刺激的过程，每次刺激都会产生作用的痕迹，连续不断的刺激则会产生痕迹累计，使人体的机构和机能产生新的适应，从而增强体质。因此，这种刺激应该是长期的、连续不断的，应该是贯穿人的一生的，特别是现代社会随着科学技术的高度发展和社会方式与生活方式的改变，人类本身对体力活动的补充和健康的要求也更趋强烈，只有具有健康的身体和良好的身体素质，才能适应高速度、高强度、高节奏的现代生活。因此，终身体育便自然而然地摆在了人的面前。高校体育必然是终身教育和终身体育不可缺少的组成部分，这一阶段体育教育和体育锻炼的实践，不但能弥补和改善中小学乃至学龄前体育过程的不足，并且他们在大学阶段所建立的体育意识，所得到的体育知识和方法以及体育锻炼习惯等还将对大学毕业后的体育过程产生深

远的影响,体现了高校体育在终身体育中的重要性。

二、高校体育应是奠定学生终身体育的重要阶段

我们认为高校体育是一个具有多功能的系统工程,进行体育教育不仅是增强体质的需要,更重要的是教会学生如何健康地生活,这也是体育的社会价值所在。生活中许多人既把参加体育锻炼、观赏体育比赛作为文化生活的重要内容之一,以此作为生活乐趣,从中获得精神上的满足和享受,同时又把体育锻炼作为清除工作和学习所带来的紧张、疲劳等方面影响的积极手段。学校体育的发展目标应立足于长期效益的探索和追求,充分利用学生在高校学习期间,接受体育教育的有利时机,奠定学生终身体育的基础,使学生不仅在学校阶段里,而且在步入社会后的任何阶段、任何情况下都能自觉独立地进行体育锻炼,变成一个真正的终身体育者。

三、高校体育必须为终身体育奠定良好基础

学校体育是终身体育的一个阶段,从学校体育的任务来看,学校体育又区别于终身体育的其他阶段,它既要完成学校体育的基本任务,又是终生体育实践的重要基础,这主要表现在以下几个方面:

(1) 要为终身体育奠定良好的思想基础。

(2) 要为终身体育奠定良好的能力基础。

(3) 要为终身体育奠定良好的体制基础。

(4) 要为终身体育奠定良好的社会服务基础。

四、以终身体育为指导思想建立新的高校体育教育模式

以终身体育为指导思想的新的高校教育模式的培养目标应该是:通过高校体育教育增强学生体质,完善体格,掌握体育与卫生保健的基本知识、技术、技能,促进个性发展,为终身体育打下坚实的基础,养成竞争、进取、健康文明的生活方式。在体育教学的组织形式上必须废除传统体育课的类型,建立诸如基础课、选项课、专项课、选修课和保健课等多种类型共存的体育课,积极有效地把学生引导到正确的体育学习中来,使学生从体育学习和锻炼中体验乐趣。

五、正确处理现行教材与终身体育教材内容的关系

要使学生养成终身体育锻炼的习惯,对教材的选用是一个首要的问题,对此应充分考虑大学生成人的特点,掌握以成人生活的需要基点,来进行高校体育的教材建设。在选编教材时,首先要选择非竞技性的、有较强娱乐性及观赏性的项目和内容,如体育舞蹈、太极拳、羽毛球、瑜伽、网球、乒乓球等,只有使学生投身所喜爱的运动项目,才能使终身体育成为可能。

六、高校体育对实施终身体育的要求

首先,需着重于对学生终身体育能力的培养,既树立其终身体育观,使其学

到全面的体育知识技能,又能有突出的、热爱的可以坚持终身的体育项目,培养学生终身喜爱体育的态度和能力以及正确的审美能力;培养学生独立锻炼和自我评价的能力,自我设计体育锻炼计划和自我组织与管理的能力,运用体育环境和条件的能力,在自我参与中获得自我发展。其次,要培养学生体育意识和兴趣,养成运动习惯,让学生在运动中能充分表现出自己的运动才能,从而激发对体育的热爱。

七、根据终身体育的要求,逐步修正考核内容与考核标准

高校体育课的考核已经形成了自己的特色,即理论与实践相结合,技评与达标相结合,期中考核与期终考核相结合。在实践课的考核中应尽量减少由于先天性因素起决定作用的竞技性考核内容,应在众多终身体育项目中展开考核,项目不宜定死,可在所圈定的项目中,由每个学生任选,以考核促兴趣的终身性,以使今后结合实际指导自己长期从事体育锻炼,甚至组织、带动周围的人从事体育锻炼,这样,终身体育才能成为可能。

八、根据终身体育要求,不断充实课外活动内容

为了增强和培养大学生的终身体育意识,就必须充分利用课余时间不断充实课外体育活动内容,把学生吸引到体育锻炼中来。让他们在紧张的学习之余,追求较高层次的精神生活。例如,开展以小集团活动为主的锻炼形式、体育知识讲座、体育摄影、体育征文等活动,以此来充实课外体育活动内容,使学生在体育课中学到的知识、技术、技能能在体育活动中得到运用和发挥,提高体育文化水平,并在体育实践中增强体育意识,使体育逐步成为他们生活中不可缺少的一部分,从而自觉、积极、主动地参加体育锻炼,为步入社会后自我锻炼奠定良好的基础。

第四章　大学生体育锻炼与心理健康

当今的大学生群体是一个心理幼稚同时又承受着超负荷压力的群体。面对来自社会、学校、环境和个人等各方面的种种压力,有的学生能够保持着一种平衡的心理状态;然而也有一部分学生在这样一个过程中,常常显得不知所措,表现出压抑、茫然与失落,常被无名的烦恼所困扰,或因无端的恐惧而坐立不安,有的甚至出现心理崩溃、精神分裂和人格错位等。心理健康是个体在各种环境中能保持一种良好适应能力和效能的状态。一个人不仅仅是生物体,更是一个社会成员。而健康的心理是一个社会人适应社会的基本条件。当代大学生的心理健康问题已越来越受到全社会的关注。

一、现代的健康观

人类对自身的认识与关注是随着社会历史的演变而不断变化的,其间人类对健康的认识经历两次转折。第一次,从生产力水平极其低下,人类只关注如何适应和征服自然并解决温饱、维护生存到因生产力水平的提高,人类开始关心自身的身体健康,从而导致医学科学的应运而生。第二次,历史发展到今天,人类在享受自己创造的物质文明的同时,对自身的健康与疾病的认识又飞跃了一步,不仅关注身体健康,还关注自身的心理健康,而且关注程度与日俱增。正如美国 L. Eisenberg 教授所言(1988):一旦基本生存需要得到保证后,心理卫生在决定人们生活质量中起着重要的作用。这是人类自身的需求由低级向高级发展的必然趋势,也完全符合当前社会发展的需要。

经历了古代和近代对人体健康认识的两次质的飞跃,人类日益深刻地认识到人体是生理和心理的统一体,人体健康应包括生理(躯体)和心理(精神)健康两个方面。1948 年,联合国卫生组织(WHO)把"健康"定义为:不但没有身体缺陷和疾病,还要有完美的生理、心理状态和社会适应能力。

健康的十大标志:

(1) 有充沛的精力,能从容不迫地应付日常生活和工作的压力,而不感到过分紧张。

(2) 态度积极,乐于承担责任,不论事情大小都不挑剔。

(3) 善于休息,睡眠良好。

(4) 能适应外界环境的各种变化,应变能力强。

（5）能够抵抗一般性感冒和传染病。

（6）体重得当，身材均匀，站立时头、肩、臂的位置协调。

（7）反应敏锐，眼睛明亮，眼睑不发炎。

（8）牙齿清洁，无空洞、无痛感、无出血现象，牙龈颜色正常。

（9）头发有光泽，无头屑。

（10）肌肉丰满，皮肤有弹性，走路、活动感到轻松。

心理健康是人体健康不可分割的组成部分，健康是生理健康和心理健康的统一体。一个人的生理、心理和社会适应都处于完美状态，才算是真正的健康。传统的健康观之所以是片面的，其根源就在于它对人体的生理和心理功能是不可分割的整体这一事实缺乏深刻的认识。世界上没有无身体的精神，也没有无精神的身体。同样，严格地讲，既没有一种疾病是纯粹身体方面的，也没有一种病是纯心理方面的。健全的心理寓于健康的身体，同样，健康的身体亦寓于健全的心理。

二、心理健康的标准

心理健康是指个体在各个环境中能保持一种良好的心理效能状态，并在与不断变化的外界环境的相互作用中，能不断调整自己的内部心理结构，达到与环境的平衡与协调，并在其中渐次提高心理发展水平，完善人格特质。尽管心理健康缺少像生理健康那样较精确的指标，但是心理健康的标准应该全面而重点突出地反映健康心理所应有的水平。对当代中国大学生来说，衡量其心理健康的状态可以归纳为如下几条标准。

（1）性格健全。对自己、对外界的态度和行为方式符合社会规范，协调稳定，具有良好的社会适应性，有一定的自控、自制能力。热爱学习，积极参加社会活动，能从学习和社会活动中获得满足感。

（2）智力正常。在观察、记忆、思维、想象和操作等综合能力方面达到一定水平，足以胜任大学学习、工作和生活，并能表现出积极的创造性。

（3）自我意识统一。能了解并接纳自己，即能正确地认识、评价和要求自己，承认并喜爱自己的本色。对自己的长处感到欣慰而不高傲；对自己的缺点不回避，不自卑。能在正确的世界观、人生观和信仰的支配下，认清人生的意义，形成高尚的理想和切合实际的抱负。

（4）情绪稳定协调。能持续、稳定地保持愉快的情绪、自信的心境，有充分的安全感和幸福感，充满着生命的活力和生活的乐趣。能保持心理的平衡与协调，不为消极的情绪所困扰，能排除心理障碍，甩掉精神包袱。能尽自己最大努力，靠自己的勤奋和智慧去取得成就，从而获得成功的喜悦。

（5）人际关系和谐。乐于和他人交往，能用尊敬、信任、友爱、宽容、谅解等积极态度与他人相处,既热情给予别人友情与爱,也欣然接受别人的友谊和爱。对人真诚、宽容、忍让、和善、喜爱集体活动,归属于一定的集体之中,并在集体生活中寻找乐趣。

(6)行为表现得体。人在不同的年龄阶段,有不同的心理特点及行为表现。行为表现符合其年龄特点,是心理健康的标志。青年学生应该活泼、开朗,步伐矫健,充满活力。而老气横秋、委靡不振,则不符合其年龄特点,是心理不健康的表现。

三、大学生常见的一些心理障碍

随着我国经济体制改革的进一步深入,社会原有的一些价值观念、人文理念以及各种与大学生的现在或将来有着直接联系的制度,如就业制度、分配制度等,都在发生着重大的变革。这些变革过程中所带来的各种矛盾无情地展现在正处于内心最敏感但又最脆弱、最易感到空虚,心理结构相当稚嫩的大学生面前。他们不得不直面众多的矛盾,不得不思考与自己有关的各种各样的问题,而诸多问题交织在一起,使社会经验并不丰富、是非判断能力并不强的他们不免产生种种心理问题,形成各种心理障碍。常见的有以下几种。

(1)学习心理障碍。一些同学感到竞争激烈,压力大,上课注意力分散,记忆力减退,反应迟钝,考试成绩差。轻者导致情绪低落,精神颓废,形成恶性循环。重者患上考试焦虑症,甚至萌生自杀的念头。

(2)人格障碍。人格障碍是指那些具有精神疾病色彩的行为或带有精神疾病发病倾向的人格类型。他们往往能够处理日常事务,在某些方面还非常出色(如学习成绩等),但他们"脾气古怪",与别人格格不入。大学生中常见的人格障碍主要有偏执型、情感型、分裂型、强迫型等。

(3)情感障碍。大学生的情绪波动较大,发生自杀行为多与情绪抑郁有关。大学生的情感障碍主要有情感抑郁、焦虑、恐惧、紧张、易激愤、情感脆弱等。

(4)性心理障碍。有的大学生对性生理、性知识不了解或知之甚少,导致性心理障碍。

(5)神经症。神经症是大学生常见的心理障碍中较严重的一种。神经症表现为持久的心理冲突,患者觉察到或体验到这种冲突,并因而深感痛苦,常为自己跟自己过不去、自己折磨自己等矛盾心理所苦恼。

四、体育锻炼对心理健康的积极影响

体育锻炼与心理健康有着密切的关系,并能发挥积极的影响。科学的体育锻炼能促进学生的身体素质的发展,为学生心理健康提供坚实的物质基础。我国古代也有许多此方面的论述,《吕氏春秋·尽数》中描述"流水不腐,户枢不蠹,动也。形气亦然,形不动,则精不流,精不流则气郁,郁则病矣。"这说明体育锻炼

有益于身体和心理健康,身体健康和心理健康互相依赖。科学的体育锻炼能增强体质,通过体育锻炼,为心理健康的发展提供坚实的物质基础。体育锻炼能让学生更加了解自己在哪些方面有特长,对自己的能力、性格和优点作出恰当、客观的评价,对自己不会提出苛刻、非分的妄想,并能发展自身的潜能,体验到自己存在的价值,并端正自我意识。体育锻炼是增进人与人接触的最好形式,在体育锻炼中可找到志趣相投的知音,能培养学生的交往能力,使人际关系得到改善。体育锻炼可以通过手势、表情、身体的动作等进行交流,学生随着活动直接或间接地接触和交流,在不自觉中就会产生亲近感,并会获得较高的安全感和自信心。因此,体育锻炼有利于协调人际关系,并且能使处在同一个集体中的人,学会互相关心、照顾、理解他人,帮助他人,从而形成与人亲近、合作的习惯,这样就会形成一种良好的人际关系。体育锻炼中的情感体验强烈而又深刻,成功与失败、进取与挫折共存,欢乐与痛苦、忧伤与憧憬相互交织,这种丰富的情感体验,有利于学生情感的成熟,有利于情感自我调节能力的发展。体育锻炼能培养坚强的意志、增强抵抗挫折的能力。通过体育锻炼可以培养学生顽强拼搏、吃苦耐劳、坚持不懈、克服困难的思想作风,有助于培养团结友爱、集体主义和爱国主义精神和机智灵活、沉着果断、谦虚谨慎、奋发进取、自强不息等高尚的意志品质。体育锻炼能预防心理障碍、治疗心理疾病和保持心理健康。体育锻炼可以为人的活动提供宝贵的活动空间,在这一空间中,人的心理与身体、人的主体与周围环境、人与周围的人能够充分地交融在一起,从而促进人与环境的适应,使人达到身心平衡,获得身心健康。

体育锻炼对大学生心理健康有着积极的影响。我们曾有幸阅读到俞春民老师的一篇文章,深受启发,在他的基础上我们也做了一组实验:选择一批学生参加体育锻炼实验前后与不参加体育锻炼学生进行对比,发现通过体育锻炼实验的学生与对照学生心理健康因子平均值有显著差异,实验学生各因子平均值明显下降,整体心理健康水平有很大提高。这个实验进一步说明体育锻炼与心理健康有着密切的关系,从本质上看,经常参加体育锻炼的学生可以及时地调整心理状态,使各项心理指标达到健康。

五、通过体育锻炼实施心理健康教育的有效途径与方法

通过分析,我们已经清楚地认识到体育锻炼对心理健康有着非常积极的作用,根据学生身心发展规律,以下途径与方法可有效地通过体育锻炼对学生实施心理健康教育。

1. 在体育教学中渗透心理健康教育引导学生参加体育锻炼

学校应重视体育理论课的教学。通过体育理论课的方式讲授心理健康教育内容,让学生懂得真正的健康包括身体健康、心理健康、一定的社会适应能力,三者缺一不可,了解心理健康的标准,掌握心理健康的体育锻炼的保健方法,使学生能及时有效地调节自己的心态。教师要提高自身素质,启发诱导学生。在体育教学组织过程中,教师必须以刚毅、乐观、自信、豁达等良好心理品质构成的人格力量感染学生,站在育人的角度去帮助学生、启发引导学生上好体育课并寻找合适的体育项目,坚持锻炼培养学生的意志品质,弱化、扭转不良的心理倾向,多样性和多选择性相结合,突出学生的主体性。教学中应根据不同学生的不同特点,选择不同的运动项目,或让学生自己选择,使每个学生的兴趣、特长都能得以发挥,在各自擅长的项目中找到运动的乐趣,展示自己的才能。

2. 教育学生正确投入体育锻炼促进心理健康

教师要宣传和引导学生积极参加体育锻炼,培养体育锻炼意识。教育学生要忘却自我地全身心投入到体育锻炼中去,在健身运动中尽量轻松,在健身运动前听听音乐,和自己的朋友一起参加健身运动,创造欢乐的气氛,并要求学生掌握正确的锻炼方法和健身运动常识,每次锻炼后要及时总结锻炼效果,根据生理、心理状态,及时调整锻炼计划,有效地克服心理障碍,从而达到身心健康的目的。

3. 结合体育课内容在教学中有针对性地对学生实施心理承受能力训练

充分利用体育课中体育活动的优势,根据学生的各种不良心理状态,要求学生参加各种不同的体育锻炼,加强大学生意志力的锻炼,增强学生的自信心。当然我们要选择学生喜欢的和符合学生身体发展客观规律的内容和项目,只有这样学生们才会投入到活动中来,才能体验到运动的快乐,达到减轻或治疗各种心理疾病的效果。

4. 面向全体同学全方位关爱体育锻炼弱势学生

在体育教学中我们只要留心,就会发现每个班里都会有几个心理脆弱、失调,心理素质不稳定的学生,他们的表现往往是:没有自信心及缺乏积极性和自主性。对于这类学生老师要多给他们一份关爱,首先,需要在课堂上进行强化训练,降低他们练习的难度和要求,即使成绩没有进步,只要他们尽力了,就应给予表扬;其次,在下课后多找这些学生谈心,做他们的朋友,取得他们的信任,让他们在你面前能够轻松自然,营造一个良好的氛围来消除他们的心理负担,让他们在活动中充分体现主体意识,增强主动精神,积极投入体育锻炼,逐步提高他们的心理素质。

5. 学校要有切实可行的实施大学生心理健康教育的体育计划

学校要对体育教师进行心理卫生知识教育,使他们能够掌握大学生心理健康、心理咨询和心理卫生保健等有关知识,并掌握具体的操作原则,让教师认识到只教会学生锻炼身体的方法还不够,应结合体育的特点,给学生进行心理卫生教育,针对心理障碍的变化过程和学生的心理状况,帮助学生逐步认识他们将会遇到的各种困难和可能产生的心理困扰,使他们有接受现实和幻想冲击的心理准备。结合心理健康教育,开展丰富多彩的校园体育锻炼,充分发挥体育在健身、健心、娱乐和文化传递等方面的作用。通过组织许多不同内容、不同形式的体育锻炼,充实学生的业余生活,陶冶学生的情操,使其建立良好的人际关系。

经常锻炼的人都很熟悉运动后的那种身心愉悦感。运动似乎把紧张和精神压力全都驱除了出去。调查发现:用3/4的体力跑步1小时,每周3次,可以解除焦虑和抑郁。更多的人在开始有规律的体育运动后,感到睡眠更好,工作更有效率,精力更加充沛,不再感到紧张和压抑,更有自信和自尊。

体育运动能培养人的自觉性、自制性和坚韧性,还可培养可贵的竞争意识,使人学会超越自我,超越他人。这些心理素质对开朗的性格、坚强的意志和充分的自信心的形成,是十分有利的。体育运动还可帮助人摆脱心理挫折,锻炼的乐趣和群体的和谐,可冲淡心灵上失败的阴影。完美心理品质的塑造与体育运动是分不开的,健全的心理寓于健康的身体。体育活动作为一个载体对精神力和心理品质进行培养,从而使人的心理品质按照期望的模式更完美地发展。体育运动不仅能够培养个体的心理健康而且能培养团队精神,随着世界一体化趋势的不断加强,人与人之间相互依赖、相互协作的要求也在不断加强,没有人能离开团体去创造人类的文明,而此团队精神就显得尤为重要,所以为了培养这种团队精神也需要有体育的介入。

第五章 篮 球

第一节 篮球概述

　　篮球项目是在 1891 年 12 月初由美国马萨诸塞州斯普林菲尔德市基督教青年会国际训练学校(后为春田学院)的体育教师詹姆斯·奈史密斯博士发明,在第一次世界大战时由美军传入欧洲。奈史密斯博士于 1939 年去世,终年 78 岁。他未曾料到,由他创建的篮球项目竟然在二百多个国家流传,而且至今美国篮球还誉满全球。为了纪念奈史密斯博士发明的篮球的功绩,在春田学院校园内修建了美国篮球名人馆——詹姆斯·奈史密斯纪念馆。1891 年,奈史密斯在马萨诸塞州斯普林菲尔德基督教青年会国际训练学校任教。这所学校体育系主任卢瑟·古利克为贯彻冬季体育课教学大纲委托他设计一项室内集体游戏。他从当地儿童喜欢用球投向筐的游戏中得到启发,创编了篮球游戏。

　　起初,奈史密斯将两只篮筐分别钉在健身房内看台的栏杆上,篮筐上沿距离地面 3.04 米,用足球作比赛工具,向篮内投掷。投球入篮得 1 分,按得分多少决定胜负。每次投球进篮后,要爬梯子将球取出再重新开始比赛。以后逐步将竹篮改为活底的铁篮,再改为铁圈下面挂网。人们称这种游戏为"奈史密斯球"或"筐球",很长一段时间之后,经过他与同事们反复商量才定名为"篮球"。到 1893 年,才形成近似现代的篮板、篮圈和篮网。最初的篮球比赛,对上场人数、场地大小、比赛时间均无严格限制。但双方参加比赛的人数必须相等。比赛开始,双方队员分别站在两端线外,裁判员鸣哨并将球掷向球场中间,双方跑向场内抢球,开始比赛。持球者可以抱着球跑向篮下投篮,首先达到预定分数者为胜。1892 年,奈史密斯制定了 13 条比赛规则,主要规定是不准持球跑,不准有粗野动作,不准用拳击球,否则即判犯规,连续 3 次犯规判负 1 分;比赛时间规定为上、下半时,各 15 分钟;对场地大小也作了规定。上场比赛人数逐步缩减为每队 10 人、9 人、7 人,1893 年定为每队上场 5 人。

　　1904 年在第 3 届奥林匹克运动会上第一次进行了篮球表演赛。1908 年美国制定了全国统一的篮球规则,并有多种文字出版,发行于全世界,这样,篮球运动逐渐传遍美洲、欧洲和亚洲,成为一项世界性运动项目。1936 年第 11

届奥运会将男子篮球列为正式比赛项目,并统一了世界篮球竞赛规则。此后,到1948年的10多年间,规则曾多次修改,与现行规则有关的重要变化是:将得分后的中圈跳球,改为失分队在后场端线外掷界外球继续比赛;进攻队必须在10秒钟内把球推进到前场;球进前场后不得再回后场;进攻队员不得在"限制区"内停留3秒钟;投篮队员被侵犯时,投中罚球1次,投不中罚球2次等。1952年和1956年第15、16两届奥运会的篮球比赛中,出现了多位身高两米以上的运动员,国际业余篮球联合会曾两次扩大篮球场地的"限制区"也叫"3秒区";还规定,一个队控制球后,必须在30秒内投篮出手。20世纪60年代初有关10秒和球回后场的规定,一度因1960年第17届奥运会后取消了中场线改画边线的中点而中止。1964年第18届奥运会后,又恢复了中场线,这些规定又继续执行。1977年增加了每队满10次犯规后,在防守犯规时罚球两次,防投篮时犯规两罚有1次不中再加罚1次的规定。1981年又将10次犯规后罚球的规定缩减到8次。很明显,人员的变化和技术、战术的发展引起了规则的改变,而规则的改变又促进了人员和技术、战术的进一步发展变化。特别是20世纪50年代后期以来,规则的改变对篮球比赛的攻守速度,对运动员的身体、技术、战术以及意志、作风等各方面都不断提出新的更高的要求,促进了篮球技术水平的迅速提高,女子篮球是1976年第21届奥运会上才被列为正式比赛项目的。

　　篮球运动是1896年前后由天津中华基督教青年会传入中国的,随后在北京、上海基督教青年会里也有了此项活动。在1910年的全运会上举行了男子篮球表演赛之后,在全国各大城市的大、中学校的篮球活动逐渐开展起来,其中以天津、北京、上海开展得较好,水平也较高,当时的比赛规则很简单,在球场中间画一个约有1米直径的中圈,中锋队员跳球时一只手必须置于背后腰部,任何一足不得踏出圈外。技术也简单,中圈跳球后,谁接到球就自己运球,超过防守人就投篮。当时只会直线运球前进,传球方法是单、双手胸前传球,跑动投篮是用单手低手上篮,立定投篮无论远近都是用双手腹前低手投篮。1925年前后,进攻和防守的5名运动员,有了较明确的分工,中锋对中锋,后卫对前锋,有人盯人,各自盯住自己的对手。但前锋的职责是只管进攻投篮,不管退守;后卫的职责是只管防守抢截球,不管投篮。前锋和后卫很少全场跑动,只有中锋要攻守兼顾。以后又逐渐改为两后卫1人助攻,1人留守后场,两前锋也变为1人留在前场专管偷袭、快攻,1人退守后场助防。技术动作也有所发展,跑动投篮出现了单手、高手投篮,立定投篮出现了双手胸前投篮,传球出现了单、双手击地传球,运球出现了两手交替运球躲闪防守和超越防守向前推进的技术。规则中增加了罚球区和罚球线,队员犯规4次即被取消比赛资格,犯规罚球可由队长指定任何

1个队员主罚。比赛时间分为上、下半时各 20 分钟，中间休息 10 分钟。每次投中或罚中后，都在中圈跳球，重新开始比赛。而中国篮球运动水平在 1926 年以后有了较大提高。

1892 年，篮球运动的发明人奈史密斯订出 18 条简易规则，篮球运动进入对抗比赛的阶段，继而产生了比赛的组织领导者、执法公断者——裁判员。

外国称篮球裁判为"球证"，每场比赛有正、副两个"球证"。新中国成立前，我国称篮球裁判为"司令"，每场篮球赛只有一个"司令"。新中国成立后改称裁判员，每场球赛设正、副两个裁判员。

我国现行篮球裁判分为五级：国际级、国家级、一级、二级、三级。由于篮球比赛的速度强度都愈来愈大，为了更全面、准确地执行规则，有些国家已开始试行每场比赛设前、中、后三个裁判员。

第二节　篮球的基本技术

篮球的基本技术是篮球运动的基础，是进行篮球运动所必需的专门技术动作的总称。

一、移动

移动是篮球比赛中为了改变位置、方向、速度、争取高度等所采用的各种脚步动作的总称，是篮球重要的基本技术之一。一切攻守技术或战术都要通过各种快速突然的脚步移动来完成。移动是篮球技术的基础，也是比赛中运用最多的一项基本动作。

（1）跨步。跨步是一脚作为中枢脚，另一只脚向前方或者向侧方跨出，以便于做下一个动作。

（2）转身。是以一只脚蹬地向前方或者后方跨出的同时，另一只脚做中枢脚进行旋转，改变身体方向的一种技术动作。要求：准备姿势、身体平衡、蹬地用力、协调配合。

（3）跨步急停。跨步急停（两步急停）在快速跑动中采用急停时，先向前跨出一大步，用全脚掌抵住地面，迅速屈膝，同时身体稍向后倾，转移重心，减缓向前冲力，然后连贯地跨出第二步。脚着地时，脚尖稍向内转，用前脚掌内侧蹬地，两膝弯曲，身体侧转（右脚跨出第一步，身体右转），微向前倾，重心落在两脚之间，两臂自然张开，协助维持身体平衡。

动作要点：第一步脚掌抵地屈膝，上体侧转移重心；第二步用力抵地体内转，臀下坐降重心。

跳步急停（一步急停）在跑动中，用单脚步或双脚起跳（离地不高），上体稍向后仰,两臂自然摆动,两脚同时平行(略比肩宽)落地。落地时用全脚掌着地(或先用脚跟着地,迅速过渡到全脚掌着地),两膝弯曲,两臂屈肘微张,保持身体平衡。

(4)滑步。滑步是防守中常用的一种步法,易于保持身体的平衡,还可向其他方向移动,来阻截进攻队员的移动方向。

练习方法:

练习一:原地跨步、转身练习

方法:练习者站好基本站立姿势后,做同侧跨步,交叉跨步,前转身、后转身练习。

要求:重心平稳稍低,蹬地迅速有力。

练习二:急停练习

方法:练习者跑动中跨步或跳步急停。

要求:急停时屈膝降重心,保持身体平衡。

练习三:"三角形"滑步练习(图 5-1)

图 5-1

方法:从起点开始做侧前滑步,至罚球线中点变后撤步接侧后滑步,然后再侧滑步到终点。

要求:各种步法要正确、清楚,重心平稳偏低,幅度宜大,手脚协调用力。

二、运球

运球是拿球的队员在原地或者行进间,用手控制由地面反弹起来的球的一种技术动作。动作要领:运球时双膝保持一定的弯曲,上体前倾,抬头,要以肩关节为轴,前臂发力,肘部放松,用手指和指根部位以及手掌的外缘控制球,运球时手心应该是空出的,并且要随球上下迎送,延长吸附球的时间,这样有利于控制球。

练习方法:

练习一:原地运球练习

方法:按顺序练习原地运球动作,顺序是:原地高低运球、单手体侧向前后运球、单手体侧向左右运球、体前换手运球、胯下运球、前后转身运球。在练习过程中,可以叫同伴发出信号让自己改变运球动作。

要求:根据不同运球动作,掌握好身体姿势、手臂动作、球的落点及手按拍球的部位。

练习二:行进间运球

方法:练习者围绕3个圆圈进行运球练习。当运球至两圆圈之间时换手,运球至圆圈的外侧时,必须用外侧手运球(如图5-2)。

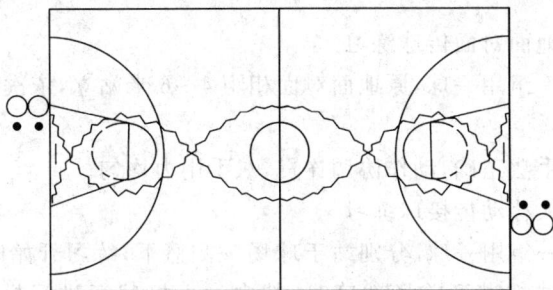

图 5-2

要求:手按拍球要短促有力,始终用位于圆圈外侧的手运球,变向时注意拍球部位和侧肩。

三、传接球

篮球比赛中进攻队员之间有目的的传球的方法。它穿针引线般地把各项技术、各个队员连为一体,是比赛中运用最多的一项技术;传接球的好坏,直接影响着战术质量的高低。

采用何种方式传球取决于实际情况。方式虽然不同,但有几点是一致的:所有的传球都是用手指完成,而不是用手掌。为控制球的速度、方向,手指应该尽可能地张开(但不能太僵硬),手腕要有弹性。

篮球中有以下几种主要的传球方式。

(1)胸前传球。从胸前传球快速、有效,是最常用的传球方式。双手持球的队员预备站位:面向接球的队友,抬头、屈膝,手指张开,将球持在胸前,两肘微向外,伸臂向外推球时,向前跨出一步,球出手时手指向上、向前推。

(2)(双手)击地传球。击地传球通常用来将球从防守队友张开的手臂下传出。双手击地传球的技术要领与上面讲到的从胸前传球一样,只是球传出时手指向下有力,使球碰地板反弹后,到达接球队友的腰部位置。

(3)低手传球。低手传球是一种近距离的传球,通常用于将球传递给离自己较近的队友,传球用手指托住球的下半部,伸臂出球时,向传球方向迈一步,做随球动作时固定手腕,也将球传向接球队友的腰部位置。

(4)(双手)头上传球。我们经常看到在篮球比赛中抢到篮板球的队员用这种方式将球传给位于远处前场处于有利位置的队友。双手头上传球可以越过防守队员,并且可以传得很远。双手从球的两侧面持球(手指尖朝上),置于头顶,肘部微屈,向传球方向跨一步的同时手腕向后转,球移至脑后,将球向前抛出,手腕向下转发力(同样要做好随球动作)。

练习方法:

练习一:原地面对面传球练习

方法:两人一组用一球,原地面对面相距 4～6 米站立,依次练习各种传接球动作。

要求:持球手法正确,动作协调连贯,双手用力均匀。

练习二:两人移动传接球练习

方法:两人一组用一球,分别站于球场一侧篮下,练习开始时两名队员边跑动边传接球,当球推进到前场球篮时,其中一人接球行进间投篮,另一人抢篮板球。

要求:行进间传球应注意传球落点和出手力量的控制。

四、投篮

投篮是指持球者用单手或双手把球投向球篮的技术。投篮是篮球运动中最为重要的技术,是比赛得分的唯一手段。投篮的动作方法很多,可分为原地投篮、行进间投篮和跳起投篮。

1. 原地投篮

原地投篮是最基本的投篮方法,是行进间投篮和跳起投篮的基础。原地投篮易于保持身体平衡,便于全身协调用力,比较容易掌握。一般在中、远距离投篮和罚球时运用较多。主要包括以下几种。

(1)双手胸前投篮:这种投篮虽然出球点较低,但出手前稳定性好,出手力量大,便于与传球、突破相结合,多用于远距离投篮。

动作方法:基本同双手胸前传球。双手持球两肘自然下垂,将球置于胸前,目视瞄准点。两脚前后或左右开立,两膝微曲,重心落在两脚之间。投篮时,两脚蹬地,腰腹伸展,两臂向前上方伸出,两手腕同时外翻,拇指稍用力压球,食指、中指拨球,使球从拇指、食指、中指指端飞出。球出手后,脚跟提起,身体随投篮出手方向自然伸展。

动作关键：投篮时,蹬伸踝、膝、髋,双手用力均匀,手腕外翻,手指拨球。

（2）双手头上投篮：这种投篮出球点高,不易封盖,便于与头上传球相结合。但是重心高,不便与运球和突破相结合。

动作方法：双手持球于头上,肘关节自然弯曲,两脚前后开立,两膝微屈,重心落在两脚之间。投篮时,两臂随下肢的蹬伸向前上方伸出,两手腕同时外翻,拇指、食指稍用力下压,用指端拨球,使球通过拇指、食指、中指指端飞出。球出手后,脚跟提起,身体随投篮出手方向自然伸展。

动作关键：手腕外翻,双手用力均匀。

（3）单手肩上投篮：这是比赛中运用比较广泛的投篮方法,是行进间和跳起肩上投篮的基础。这种投篮出手点高,便于结合其他技术动作,能在不同距离和位置上应用。

动作方法：以右手投篮为例,右脚在前,左脚稍后,两膝微曲,重心落在两脚之间。右手五指自然张开,用指根及指根以上部位触球,掌心空出,翻腕托球的后下部,右臂屈肘稍向内收,置球于右肩前上方,上臂与肩关节约成水平,前臂与地面近似垂直,左手扶球的左侧,目视瞄准点。投篮时,下肢蹬地发力。右臂随腰腹伸展向前上方抬肘伸臂,用手腕前屈和手指拨球动作,使球从食指、中指指端柔和飞出。球离手时,手臂要随球跟送,脚跟提起。

动作关键：脚蹬地、腰腹伸展、抬肘伸臂、屈腕拨指要顺序柔和用力。大拇指和小指要把握方向。

练习方法：

练习一：原地投篮练习

方法：两人一组持一球,相距2米面对面站立,相互对投,体会动作的过程和方法,特别要体会手腕、手指的用力方法,观察球的旋转和球的飞行弧线。

要求：全身协调用力,伸臂充分,手腕前屈,手指拨球将球投出。

练习二：近、远距离投篮练习

方法：练习者持一球在篮下练习,投篮的距离可由近到远,投篮点由少增多,以体会不同距离、不同投篮位置投篮时的技术动作。

要求：上下肢协调用力,把握好手腕、手指对球的控制。

2. 行进间投篮

行进间投篮是在快速跑动中接球或运球后做中、近距离投篮时所采用的一种投篮方法。一般多在快攻结束或突破切入篮下时运用。

行进间投篮动作方法很多,但动作结构基本相同,都是由跨步接球起跳、腾空举球出手和落地三个部分组成。其脚步动作的共同点是：跨第一步的同时接球,跨第二步时跳起空中投篮出手,双脚同时落地,注意屈膝缓冲。在实际运用时,应根据投篮的距离、角度以及防守队员所处位置来决定投篮出手的动作方法。在投篮时要控制好身体平衡。跨步的大小、快慢、方向也应根据临场情况的不同而有所变化。主要包括以下几种。

(1) 行进间单手肩上投篮。又称行进间单手高手投篮,是在比赛中切入篮下时,常用的一种投篮方法。

动作方法:以右手投篮为例,右脚向前跨一大步时接球,接着上左脚蹬地起跳,右腿屈膝上抬,同时双手举球于右肩前上方。腾空后,上体稍后仰,当接近了高点时,向前上方抬肘伸臂,用手腕前屈和手指拨球力量将球投出。

动作关键:跨步一大二小向上跳,节奏要清楚。出手时,腕、指用力要柔和。

(2) 行进间单手低手投篮。行进间单手低手投篮是在快速跳动或运球超越对手后,在篮下的一种投篮方法。它具有伸展距离远和出球平稳的优点。

动作方法:以右手投篮为例。右脚向前跨出一大步的同时接球,左脚跨第二步时用力蹬地向前上方起跳,右腿屈膝自然上提。腾空到最高点,右手五指自然张开,掌心向上,托球的下部,右臂向前上方伸展,接近球篮时,用手腕上挑和手指的拨动,使球向前旋转进入球篮。

动作关键:腾空时身体向前上方充分伸展,举球后保持托球的稳定,腕、指上挑动作柔和协调。

(3) 行进间双手低手投篮。

动作方法:跑动中跨右(左)脚的同时接球,接着左(右)脚跨第二步并用力蹬地起跳,身体尽量向球篮方向伸展。双手持球,掌心向上托球的下部,向球篮方向伸臂。起跳到最高点,前臂外旋,用屈腕、拨指的力量,使球通过中指、无名指、小指指端,向前旋转飞向球篮。

动作关键:跨步节奏清楚,腾空身体向前上方伸展,出手用力柔和。

练习方法:行进间投篮

方法:练习者每人持一球,由运球开始,在接近球篮时,做单手肩上投篮、单手低手投篮或双手低手投篮动作(如图 5-3)。

要求:各技术动作之间协调连贯,逐渐提高运球速度。

3. 跳起投篮

跳起投篮简称跳投,它具有突然性强、出球点高的特点。可以与传球、运球突破等技术动作结合运用,在原地、行进中急停、背对球篮转身以及在不同距离和位置时,都可采用。跳投是现代篮球运动普遍运用的主要投篮方式。主要包括以下几种。

(1) 原地跳起单手肩上投篮

动作方法:以右手投篮为例,双手持球于胸前,两脚前后或左右自然开立,两

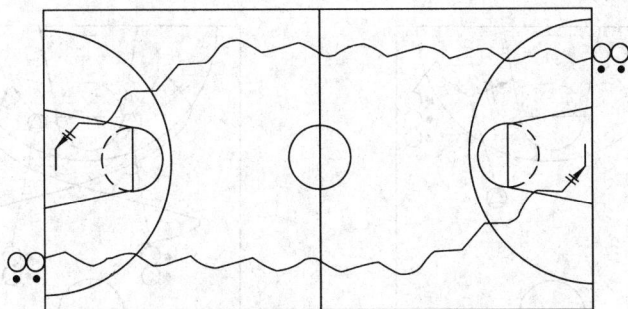

图 5-3

膝微屈,重心落在两脚之间。投篮时,两脚用力蹬地向上起跳,提腰,同时双手举球至右肩前上方,当身体腾空接近最高点时,左手离球,右臂向前上方伸展,利用手腕前屈和手指拨球力量将球通过指端柔和投出。落地时屈膝缓冲,保持身体平衡。

动作关键:垂直向上起跳,保持身体平衡。起跳、举球、出手动作要协调,接近最高点出手。

(2)接球急停跳起投篮

动作方法:在快速移动中接球用跨步或跳步急停,两膝弯曲,重心下降。两脚突然快速有力蹬地起跳,同时持球上举,当腾空接近最高点时,投篮出手,动作同原地跳投。

动作关键:接球、急停时,要控制好身体重心。起跳突然,急停与起跳要紧密衔接。

(3)运球急停跳起投篮

动作方法:在快速运球中,运用跳步或跨步急停,紧接迅速蹬地跳起的同时,双手抄球上举。当身体腾空接近最高点时,投篮出手,动作同原地跳投。

动作关键:运球、急停、抄球与起跳动作衔接要连贯协调,起跳突然,空中保持身体平衡。

练习方法:

练习一:移动中接球急停跳起投篮

方法:如图 5-4 折线移动,接球急停,跳起投篮。

要求:移动中接球投篮时,保持投篮手法正确和身体平衡。

练习二:移动中摆脱急停跳起投篮

方法:如图 5-5,练习者分别传球给固定接球人,然后摆脱交叉跑至另一侧接球,跳起投篮。

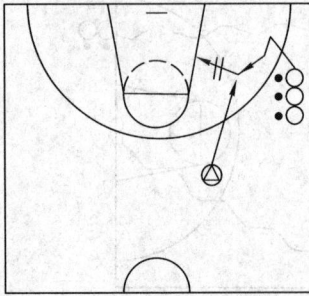 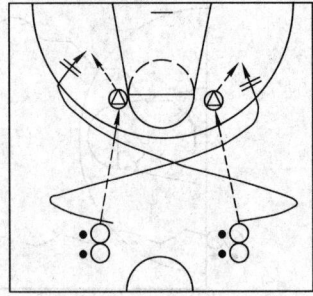

图 5-4   图 5-5

要求:摆脱后投篮时,保持投篮手法正确和身体平衡

五、持球突破

持球突破是持球队员运用脚步动作和运球技术相结合的、快速越过防守者的一项攻击性很强的进攻技术。主要方式有以下几种。

1. 交叉步突破

动作方法:以右脚做中枢脚为例。两脚左右开立,两膝微屈,身体重心降低,持球于胸腹之间。突破时,左脚前脚掌内侧迅速蹬地,身体稍右转,左肩向前下压,重心向右前方移动,左脚向右侧前方跨出,将球引于右侧,接着运球,中枢脚蹬地向前跨出迅速超越防守。

动作要点:蹬跨积极,转体肩保护球。

2. 顺步突破

动作方法:准备姿势和突破前的动作要求与交叉步相同。突破时,右脚向右前方跨出一步,向右转体探肩,重心前移,右手运球,左脚前脚掌迅速蹬地,向右前方跨出,突破防守。

动作要点:蹬跨积极,转体肩保护球,第二只脚迅速蹬地。

3. 后转身突破

动作方法:以左脚做中枢脚为例。背向球篮站立,两脚平行开立,两腿弯曲,重心降低,两手持球于腹前。突破时以左脚为轴转身,右脚向右侧后方跨步,上体右转,脚尖指向侧后方,右手向右脚前方放球,左脚前脚掌内侧迅速蹬地,向球篮方向跨出,运球突破防守。

动作要点:要控制重心平稳。右脚向右侧后方跨出时脚尖的方向要正确,左脚前脚掌内侧蹬地积极有力。

4. 前转身突破

动作方法:以左脚做中枢脚为例。突破前的准备动作与后转身准备动作相同。突破时重心移至左脚上,右脚前脚掌内侧蹬地,左脚为轴,右脚随着前转身而向球篮方向跨出,左肩向球篮方向压,右手运球后左脚蹬地,向前跨出,突破对手。

动作要点:移重心,蹬地运球动作连贯。

练习方法:

练习一:原地持球突破练习

方法:练习者两人一组持一球,一攻一守。持球者突破防守者后,两人均做后转身,持球者连续做突破动作。

要求:完成规定次数后攻守交换练习,突破动作连贯,不走步。

练习二:传接球急停突破投篮练习

方法:把球传给固定接球人,接着侧身前跑并接回传球至障碍物前急停,然后顺步或交叉步突破投篮,如图 5-6 所示。

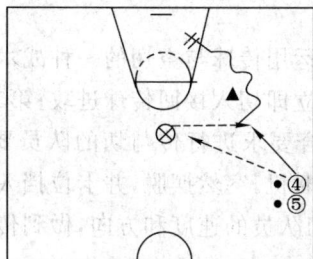

图 5-6

六、抢篮板球

在现代篮球运动中,篮板球是影响比赛胜负的重要因素之一。要想在比赛中抢得更多的篮板球,平时必须刻苦地训练。抢篮板球是进攻和防守两方面均要着重掌握的重点技能,是攻守转换的关键环节。

抢篮板球的要点:

(1) 必须具备勇猛顽强的作风、思想及行动准备。

(2) 掌握篮板球反弹的基本规律。

(3) 增强"挡"和"冲"的意识,抢占有利位置。

(4) 空中抢球要牢固,落地时要保护好球。

练习方法:

练习一:抢球或抢位练习

方法:练习者两人一组一攻一守,面对面站立,听或看信号后进攻队员运用假动作摆脱对手,防守队员利用转身挡人的方法去抢规定的位置和球。

要求:判断准确,快速移动,及时抢位。

练习二:抢篮板球结合补篮练习

方法:三人一组(固定投篮者),当球出手时,三人同时抢篮板球,抢到者立即投篮,其他两人迅速防守。

要求:如投篮不中,继续拼抢投篮,直至投球命中。

第三节　篮球基本战术

篮球战术是指篮球比赛中,根据篮球运动的特点和具体对象,所确定的攻防集体配合及全队协调行动的特定组织形式和方法。其目的是为了个人能够合理地运用和更好地发挥技术水平,取得协同配合、整体作战的效应,力争比赛的主动和最后获得胜利。

一、传切配合

传切配合是队员之间运用传球与空切的一种战术配合方法。具体可分为两种,第一种是队员传球后,立即切入接回传球进攻;第二种是队员传球后,其他队员空切接球进攻。传切配合要求进行传与切的队员要人到球到。因此,空切队员要根据球的方向掌握好时机,突然摆脱,并卡位挡人准备接球。传球队员要吸引自己的防守者,根据空切队员的速度和方向,做到传球及时到位。

易犯错误:

(1) 进攻选位距离近,进攻配合的范围小,配合难以成功。

(2) 假动作的运用不逼真,真假变化慢。

(3) 切入跑动时不选捷径,跑动中不侧身,不看球。

(4) 配合队员传球准确性、隐蔽性差。

练习方法:如图5-7所示,持球队员把球传给同伴后迅速摆脱对手,纵切向篮下,接同伴的回传球投篮,接球人接到球后,用假动作吸引对手的注意力,当同伴摆脱对手获得有利位置时,及时把球传给他进行投篮。

二、突分配合

突分配合是持球队员在突破中将球传给同伴投篮的一种战术配合方法。配合方法有两种:一是运用突破压缩对方守区,传球给外围队员投篮。二是突破后传球给空插队员或中锋投篮。

突分配合要求:

突破队员要有直接得分能力,迫使对方频繁补漏。同时无球队员要及时找好角度空插接应或围绕,以便顺利接回传球投篮。

易犯错误:

(1) 进攻落位距离较近，不易造成突破机会。

(2) 持球突破后分球技术、方式简单，效果差。

练习方法：如图 5-8 所示，④突破后，⑤上前补防，这时无球人⑤迅速向篮下移动，④在⑤上来补防时把球传给插入篮下的⑤投篮。

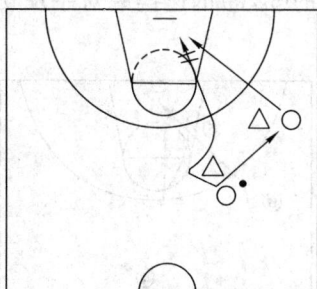

图 5-7

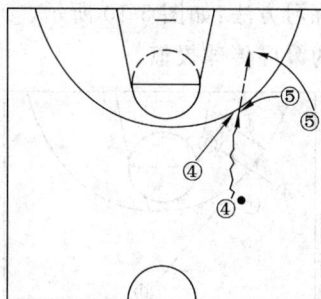

图 5-8

三、掩护配合

掩护配合是队员利用身体合理地挡住同伴对手的移动路线，或是主动利用同伴挡住自己对手的移动路线，从而摆脱防守队员，获得进攻机会的一种战术配合方法。掩护的种类很多，按掩护位置分有侧掩护、后掩护、前掩护。这几种方法可以运用于给持球队员掩护、给无球队员掩护，也可以运用于行进间掩护或定位掩护，还可以运用于连续掩护和做双掩护等。

易犯错误：

(1) 掩护者做掩护时重心高，上体前倾或不注意观察对手而造成犯规或掩护失败。

(2) 掩护时距离太远或太近，有附加动作，容易造成犯规。

(3) 掩护者掩护后转身不及时，从而失掉二次配合的机会。

练习方法：如图 5-9 所示，④跑到⑤的防守队员身前掩护，⑤摆脱防守接球投篮或做其他进攻动作。

四、策应配合

策应配合是进攻队员在禁区周围，或球场中线前后，侧对或背对球篮接球，由进攻队员做枢纽与其他同伴空切、摆脱等动作相结合的一种战术配合方法，策应配合的主要进攻方式有三种：一是策应队员传球给空切队员投篮；二是策应队员接球后，自己投篮或突破；三是策应队员传球给外围队员进行中远距离投篮。

易犯错误：

（1）策应队员摆脱、选位、抢位不主动、不及时。

（2）策应队员接球时重心高，传球方式不恰当，没有进攻意识。

（3）外围队员传球后空切动作慢，绕圈跑动。

（4）策应配合时队员的位置、距离太近或太远，不能合理地运用掩护等。

练习方法：如图 5-10 所示，④传球给策应的⑤，⑥迅速摆脱对手反切篮下，接⑤的策应传球投篮。

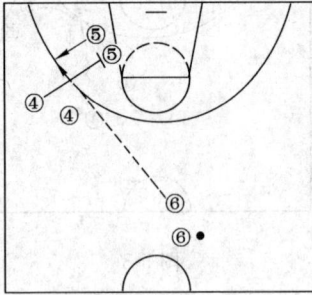

图 5-9

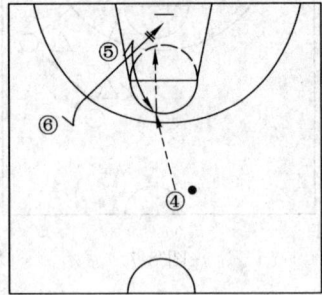

图 5-10

五、区域联防

篮球区域联防是由进攻转为防守时，防守队员迅速退回后场，每个队员分工负责防守一定的区域，严密防守进入该区域的球和进攻队员，并与同伴协同防守，用一定的队形把每个防守区域有机地联系起来的防守战术。它的特点是在每个人防守一定区域的基础上，随着球的转移和进攻队员的穿插移动而不断地调整防守的位置和队形，重点防守有球区域和篮下。这种防守战术的位置固定，分工明确，重点突出，有利于保护篮下、组织后场篮板球和发动快攻。但由于受区域分工的限制，各种联防都存在一定的薄弱区域，容易被对方在局部区域以多打少。

1. 区域联防的分类

依据防守队员的站位形式，常把区域联防分为 2—1—2 联防、2—3 联防、3—2 联防、1—3—1 联防及对位联防等几种。其中 2—1—2 联防是最基本的区域联防。

2. 区域联防的基本要求

（1）根据区域联防的形式和队员、对手的特点等合理分配防守区域，最大限度地发挥队员在各自防区的作用。

（2）由攻转守时，除积极阻止对方的攻势外，应有组织地快速退守和及早落好防守位置。

（3）每个队员必须认真负责各自的防守区域，积极阻挠进入该防区的进攻队员的行动,并根据球的方位调整队形进行联合防守。

(4)对有球队员应按盯人方法紧逼防守,其余防守队员应积极移动,调整队形进行协防或补防,做到人球兼顾。

(5)对无球队员的穿插移动,要根据其离球的远近和队友的位置积极抢位、堵截和护送,并及时与队友呼应联系,不让对手向有威胁的区域移动或接球。远离球的防守队员应起指挥作用。

(6)进攻队员投篮后,每个防守队员都应该积极堵位和抢位,有组织地争抢篮板球,并及时发动快攻。

3.进攻区域联防的基本要求

(1)多组织快攻。

(2)根据区域联防的队形,有针对性地落位,重点攻击薄弱地区。

(3)通过多传球、快传球、突破分球等打乱防守队形,寻找战机。

(4)多运用中远距离的投篮逼其扩大防守范围,争取篮下空间。

(5)积极组织前场篮板球,争取二次进攻机会,并注意保持攻守平衡,及时退守。

第四节　篮球裁判手势与名次排列

一、裁判员的手势

篮球裁判员的手势是临场裁判员宣判的主要表达方式,是裁判员与记录台人员的联络信号,是篮球比赛中统一使用的无声语言。

(一)得分(如图 5-11)。

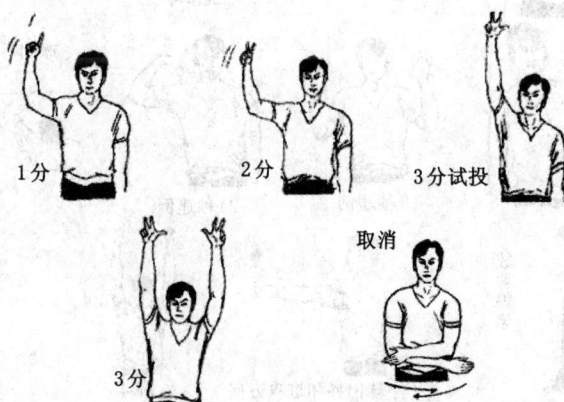

图 5-11

（二）有关计时钟手势图（如图 5-12）。

计时开始　　　犯规停表　　　违例停表　　　24秒复位

图 5-12

（三）管理（如图 5-13）。

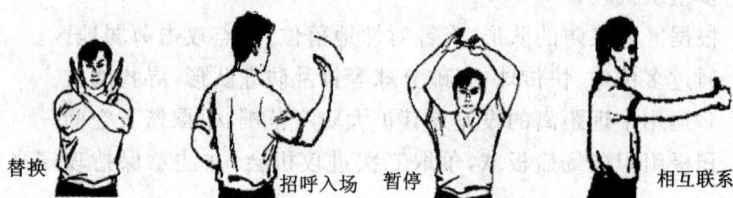

替换　　　招呼入场　暂停　　　相互联系

图 5-13

（四）违例的类型（如图 5-14）。

带球走　　两次运球　　携带球　　3秒违例

5秒违例　　8秒违例　　24秒违例　　球回后场

故意踢球　　球出界和进攻方向　　跳球

图 5-14

（五）向记录台报告一起犯规

第1步——队员的号码，见图5-15。

图 5-15

第2步——犯规的类型，见图5-16。

图 5-16

第3步——判给罚球的次数和比赛的方向，见图5-17。

一次罚球　　　二次罚球　　　三次罚球

控制球队　　　手指指向
犯规后　　　　平行边线

图 5-17

（六）罚球管理

第 1 步——在限制区内,见图 5-18。

一次罚球　　　二次罚球　　　三次罚球

图 5-18

第 2 步——在限制区外,见图 5-19。

一次罚球　　　二次罚球　　　三次罚球

图 5-19

　　上述手势是裁判员唯一正式的手势,具有全球性、指导性、业余性,所有的比赛、所有的裁判员都必须使用它们。

　　二、球队的名次排列

　　球队应按他们的胜负记录来排列名次,胜 1 场得 2 分,负 1 场(包括比赛因缺少队员告负)得 1 分,比赛因弃权告负得 0 分。

(1) 如果在这个排列中两个球队积分相等,则以两个队之间比赛的结果来确定名次。

(2) 如果两个队之间在比赛中的积分和得失分率仍相同,则以两个队在组内所有比赛的得失分率来确定名次。

(3) 如果在排列名次中两个以上的球队积分相等,再次排列时只考虑积分相同的球队之间的比赛结果。

(4) 如果再次排列后仍有球队积分相同,然后只考虑积分相同的球队之间的比赛结果,用其得失分率来确定名次。

(5) 如果仍有球队积分相同,则用在组内所有他们的比赛结果的得失分率来确定名次。

(6) 如果在任何阶段,用上述准则将众多排列相同的球队减缩到只包含两个球队排列相同,则上述(1)和(2)款程序将适用。

(7) 如果在任何阶段,减缩后仍包含两个以上球队排列相同,则重复上述(3)款开始的程序。

(8) 得失分率总是用除法来计算。

如果只有三个球队参加比赛,并用上述的步骤(除得的得失分率完全相同)不能决出名次,则用得分来确定名次排列。

举例:A、B、C 之间的比赛结果:A 对 B   82:75

                        A 对 C   64:71

                        B 对 C   91:84

球队	比赛场数	胜	负	积分	得失分	得失分率
A	2	1	1	3	146:146	1.000
B	2	1	1	3	166:166	1.000
C	2	1	1	3	155:155	1.000

因此:第一名 B 得 166 分

    第二名 C 得 155 分

    第三名 A 得 146 分

如果在上述所有的步骤后球队仍排列相同,将用抽签来决定最终的名次排列。抽签的方法由技术代表或由当地比赛的组织者确定。

附:篮球考试内容、标准、方法、分值比例

一、考试内容

1. 实践课:全场运球跑投篮(2分钟);

2. 理论课;

3. 综合评定:考勤、学习态度、参与意识、提高幅度、进取精神。

二、考试标准

全场运球跑投篮(2分钟)

性别 \ 得分	30	28	25	23	20	18	15	13	10	8	5	0
男	16	15	14	13	12	11	10	9	8	7	6	5个及以下
女	12	11	10	9	8	7	6	5	4	3	2	1个及以下

注:表格内的数字为2分钟之内的进球数。

一分钟急停跳投

性别 \ 得分	30	28	25	23	20	18	15	13	10	8
男	12	11	10	9	8	7	6	5	4	3
女	10	9	8	7	6	5	4	3	2	1

三、考试方法

1. 实践课:全场运球跑投篮——男、女生分开考试,考试从中圈开始,根据学生在2分钟内进球的个数、技术动作的完成情况评定成绩。1分钟急停跳投——男、女生分开考试,考试从中圈开始,根据学生在1分钟内进球的个数、技术动作的完成情况评定成绩。

2. 理论课:根据学生完成试卷的情况评定成绩。

四、分值比例

1. 实践课:60分,占60%;

2. 理论课:30分,占30%;

3. 综合评定:10分,占10%。

第六章 排 球

排球运动已经诞生了 111 年,在我国开展也有 101 年的历史,具有广泛的群众性和普及性,为世人所喜爱。我国排球运动在世界排球史上有辉煌的一幕,中国女排的"五连冠",男排也曾步入世界先进行列,先后涌现出郎平、汤森等优秀的世界排球运动员。排球运动在我国有广阔的群众基础。

第一节 排球运动概述

一、排球运动的起源与发展

1. 排球运动的起源

排球运动是由美国马萨诸塞州(麻省)霍利约克市基督教青年会指导员威廉·吉·摩根在 1985 年创造的。1895 年,刚刚迈出大学校门才 1 年的春田学院毕业生威廉·吉·摩根,担当起了霍利约克市基督教青年会体育指导员的工作。在工作中他发现,篮球运动对常坐办公室的人和年龄较大的人来说过于剧烈了,他们不愿在球场上上气不接下气地奔跑、冲撞,他们需要一项新的运动来满足他们既要活动出点儿汗,又要得到身心放松而不太累的需要。摩根,这位詹姆斯·奈史密斯的得意弟子,没有辜负人们和老师的希望,他根据人们的这一需要,在体育馆内挂上网球网子,用篮球胆在球网上空来回打。打法上采用网球和手球的一些技术,规则类似棒球,由 9 局组成,连胜 3 分为 1 局,双方上场人数不限,但须对等。摩根给这种运动形式取了一个颇为有趣的名字"Mintonette",意即"小网子"。当时,大家采用篮球内胆当球,像网球一样进行运动,但是由于篮球内胆较轻,在空中飘忽不定,玩起来很不方便,于是该市的斯堡尔丁体育用品公司试做了圆周约为63.5~68.8厘米,重为 9~12 盎司(255~340 克)规格的球,试验效果非常好,于是就决定采用这种球。现在用的排球尽管在重量、圆周等方面做了很大的改进,但还是和第一代排球非常接近。

2. 排球运动的发展

排球传入亚洲较早。通过基督教青年会的传播,1900 年排球传入印度;1905 年传入中国;1908 年传入日本;1910 年传入菲律宾。

排球传入亚洲时,规则尚处于不完备的阶段。当 1910 年美国传教士布朗将排球运动介绍到菲律宾时,看到亚洲各国经常在室外进行排球运动,且人口众多,考虑到让更多的人能参加排球运动,他介绍的是 16 人换发球制的排球。这种 16 人制的打法又随着 1913 年第一届远东运动会的采用而传播到了亚洲各国。这样,亚洲各国都经历了 16 人、12 人、9 人制排球这一过程,直到 20 世纪 50 年代才引进 6 人排球。至今,在亚洲各国还能看到 9 人制的排球比赛。

随着基督教青年会的活动,排球在 20 世纪初进入了美洲一些国家。1900 年,加拿大成为第一个在美国之外开展排球活动的国家。1905 年传入古巴;1909 年传入波多黎各;1912 年传入乌拉圭;1917 年传入巴西。

在美洲各国,人们习惯将排球活动看做是一项消遣娱乐活动,并没有看重它的体育竞赛性质,直到 1964 年被列为奥运会项目,排球在美洲所受的冷遇才得到改善。

第一次世界大战期间(1914～1918 年)和第一次世界大战结束后的几年中,排球运动列入了美军军事训练营的训练计划,推广到美国国内及国外的军事营地,成千上万的排球和球网被送到美国军人的手中。同时它也被作为礼品赠送给了盟军的体育官员们。这样,排球随着美国军队的军事活动传到了欧洲大陆和地中海沿岸。1914 年传入英国;1917 年传入法国、意大利、俄国;1918 年传入南斯拉夫;1919 年传入捷克斯洛伐克、波兰;1922 年传入德国。

1947 年在巴黎召开了有 17 个国家排协代表参加的大会,正式成立国际排球联合会(FIVB)。法国人鲍尔·利伯被选为主席,任职到 1984 年;而后墨西哥人阿科斯塔当选为国际排联主席,任职至 2008 年,由来自中国的魏纪中接任。

国际排联于 1949 年在布拉格举办了第一届世界男子排球锦标赛。从排球运动的初创到 1949 年第一届世界男子排球锦标赛,其间走过了半个世纪的历程。在这半个世纪中,排球规则逐步形成,基本技战术日趋丰富,国际交往越来越多。

3. 排球运动在我国的发展

排球运动在 20 世纪初就传入我国广东等地。1913 年第一次出现在远东运动会;1914 年列为全国性比赛项目。1921 年女子排球在广东运动会上出现。中华人民共和国成立以后,排球运动和其他运动项目一样,有了较快的发展。下面按排球运动发展的情况和规则演变的规律,分为五个阶段加以叙述。

第一,继承学习阶段(1951 年至 1956 年)。主要是继承我国 9 人排球的技、战术打法,特别是继承了 9 人排球的上手传球、大力勾手发球、正面及勾手扣球、快球和快攻等技、战术。1950 年我国男排学习了苏联的高打强攻、倒地防守等技术和"两次球"进攻战术。

第二,探索发展阶段(1956 年至 1966 年)。各省、市、自治区队,根据各自的特点,开始发展各自不同的风格和打法。在 1959 年的第一届全运会上,广东男排发展了快攻,上海男排体现了战术的灵活多变,解放军女排发扬了勇敢顽强的作风,北方各队发展了高打强攻。20 世纪 60 年代初,我国学习了日本队的训练经验,提出了"三从一大"(从难、从严、从实战出发,坚持大运动量训练)等号召。我国男排创造了"盖帽"拦网的技术和"平拉开快球"扣球的技术,推动了我国排球运动的发展。

第三,低潮阶段(1966 年至 1972 年)。这个阶段由于我国的排球运动受到十年浩劫的严重干扰,运动技术水平普遍下降,运动队伍出现了青黄不接现象。

第四,恢复阶段(1972 年至 1978 年)。1972 年恢复了排球比赛,建立了漳州排球基地。男排创造了前飞、背飞、拉三拉四的打法;女排发展了快速反击,运动水平有了进一步的提高。

第五,高峰阶段(1979 年至 1988 年)。1979 年底,我国男、女队双获亚洲冠军,并取得了参加奥运会的资格。1981 年至 1986 年,我国女排第五次荣获世界冠军。

第六,坦途曲折阶段(1988 年至今)。1988 年汉城奥运会失利之后,比赛成绩不太稳定。

二、排球运动的主要表现形式

排球运动深受群众喜爱,所以在其发展过程中形成了多种多样的形式,主要有以下几种。

1. 6 人制排球

6 人制排球就是我们常说的排球运动,是目前竞技性最强、影响力最大的排球运动形式。6 人制排球队对运动员的能力要求较高,是作为大型赛事竞技的主要形式之一。

2. 9 人制排球

排球运动最早采用的是 16 人制,由于远东运动会的影响,于 1927 年改为 9人制。由于 9 人制排球没有换位轮转,并且规则比较宽松,所以深受人们喜爱,至今仍在我国的南方沿海地区及东南亚地区盛行。

3. 沙滩排球

沙滩排球,顾名思义,是在沙滩上进行的一种排球运动。开始是作为休闲娱乐的游戏,随着技术的不断进步和规则的完善,在 1947 年诞生了正式的 2 人制排球比赛。由此,沙滩排球也发展成为世界性的正式比赛项目。

4. 软式排球

软式排球是 20 世纪 80 年代在日本发展起来的。软式排球的特点为重量比较轻,表面比较柔软,反弹力小,趣味性强,因此被女性和老年人所喜爱。

三、排球运动的规则

（一）排球比赛的场地与器材

1. 排球比赛的场地

排球比赛的场区是长 18 米、宽 9 米的长方形场地（图 6-1）。场地的四周至少要有宽 3 米的呈长方形的广阔区域，称之为"无障碍区"，同时要求从地面起到 7 米高的空间内无任何障碍。国际比赛的场区要求更为严格，边线外的无障碍区为 5 米，端线后的无障碍区为 9 米，上空的无障碍空间为 12.5 米。

在比赛场区中间距离中线 3 米的位置分别画两条线，称之为进攻线，中线和进攻线围成的区域称为前场区，进攻线和端线围成的区域为后场区；两条进攻线的延长线之间靠近记录台的一侧边线外的范围是换人区；在记录台的两端无障碍区里，有两个 3 米×3 米的区域为准备活动区。

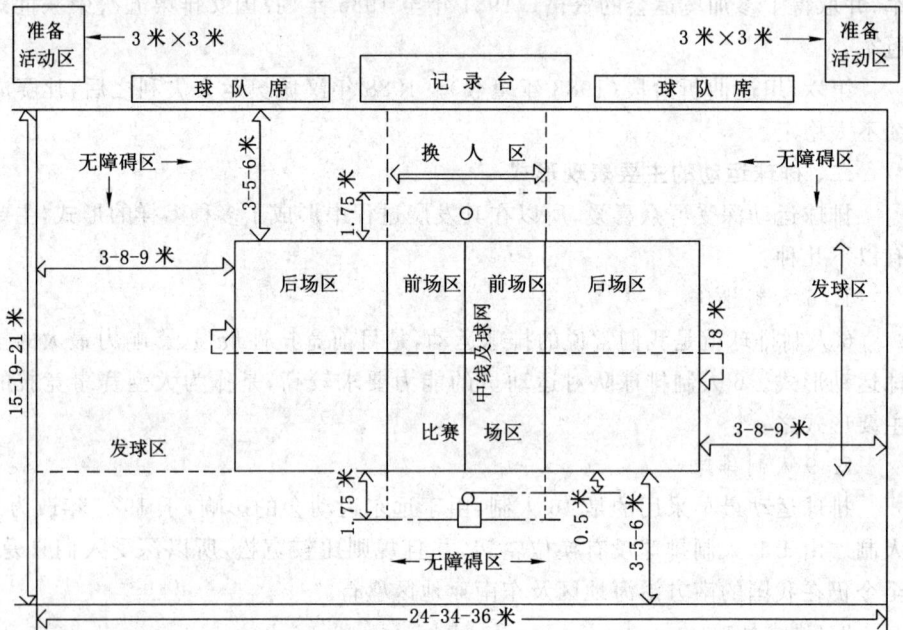

图 6-1 排球比赛场地示意图

2. 排球比赛的器材

网柱：排球网柱高为 2.55 米，要求表面光滑，无任何危险设施，表面要用海绵类的软物包裹，防止运动伤害。圆柱要固定在边线以外 0.5～1 米中线的延长线上。

球网:排球比赛所用球网为长 9.5 米,宽 1 米,球网的平面跟中线(地面)垂直。成年男子比赛网高 2.43 米,成年女子网高 2.24 米,少年男子网高 2.35 米,少年女子网高 2.15 米。

标志带:标志带是球网边界的表示,标志带要与边线垂直,一般标志带为白色,宽 5 厘米,长 1 米。

标志杆:标志杆为长 1.8 米,直径 0.01 米的杆子。标志杆要求高出球网上沿 80 厘米,高出部分要涂红白相间的颜色。标志杆分别固定于球网两端的两侧,两根标志杆之间的部分是"过网区"。

(二)排球规则

1. 发球

双方的 6 名球员按顺时针方向轮流发球。每次本队获得发球权后由发球球员在本方半场的右后角将球发入对方半场重新开始比赛。发球球员可以用上手或下手发球,用拳、伸开的五指或是手臂都可以。发球可以在底线后的任一处开球,但是规则又允许进行跳发球的队员在落下时进入场内。排球可以落入对方半场的任何一处,该发球队员将继续发球直至本队失去发球权。

2. 得分

在新的得分规则下,一方在获得发球权时同时得分,即所谓的每球得分制。比赛由五局构成。在前四局的比赛中,获胜的一方必须达到 25 分,或在此基础上比对方高出 2 分。在第五局的比赛中获胜一方只需达到 15 分,或在此基础上比对方高出 2 分。

3. 自由人

新设置的自由人可以在后排进行任意的替换,帮助本队抵御对手的进攻。自由人不得发球、拦网或是绕到前排,所以一般由一名身材矮小但是动作灵活,能够迅速倒地救球使得比赛得以继续的球员担任。自由人可以自由替换,为了易于区别,自由人将穿上与其他球员不同颜色的衣服。

4. 换人

根据另一项被修改的规则,教练员可以在比赛期间站着向球队发号施令,但是必须待在一个特定的区域。包括替换自由人在内,教练在每局的比赛中共有 6 次机会替换队员。替补队员可以换下某一名先发队员或再被相同的队员替下。

5. 队员的场上位置

在发球队员击球时,双方队员必须在本场区内各站两排,每排 3 名队员。发球队员不受场上位置的限制。队员的位置根据其脚的着地部位来判定。在发球队员击球的一刹那,场上队员脚的着地部位必须符合其位置要求。在发球后,队员可以在本场区和无障碍区的任何位置上。

6. 网下穿越

在不妨碍对方比赛的情况下,允许队员在网下穿越进入对方空间。允许队员的一只脚或双脚越过中线触及对方场区的同时,脚的一部分还接触中线或置于中线上空。除脚以外,不允许队员身体的任何其他部分接触对方的场区。在比赛中断后,队员可以进入对方场地。

7. 触网

新规则规定触网为犯规,但队员在无试图击球的情况下,偶尔触网不算犯规。

8. 进攻性击球

指发球和拦网外的其他所有向对方的击球。前排队员可以对任何高度的球完成进攻性击球,但触球时必须在本场地空间。后排队员则允许在后场区对任何高度的球完成进攻性击球,但起跳时脚不得踏及或越过进攻线,击球后可以落在前场区。

9. 拦网

只有前排队员允许完成拦网,后排队员不得完成拦网。

10. 比赛中的击球

队员的身体任何部位都允许触球。但球必须被击出,不得被接住或抛出,球可以向任何方向反弹。队员若违背上述规定,则为持球。球必须触及身体的不同部位。若球先后触及队员的不同部位,则为连击犯规。

11. 其他规则

除上述规则外,还有发球时球未抛起犯规、发球掩护犯规、持球犯规等。

四、排球竞赛组织

组织排球竞赛时,根据不同的竞赛目标、任务、竞赛时间的长短、参赛队伍的数目来确定竞赛制度,一般主要有循环制、淘汰制和混合制。循环制包括单循环、双循环和分组循环。在此,我们只介绍循环制中的单循环。

单循环,是所有参加比赛的队均能相遇一次,最后按各队在全部比赛中的积分、得失分率排列名次。如果参赛球队不多,而且时间和场地都有保证,通常都采用这种竞赛方法。

1. 单循环比赛轮次的计算

如果参加的队数是偶数,则比赛轮数为队数减1。

例如:8个队参加比赛,比赛轮数为8-1=7(轮)。

如果参加的队数是奇数,则比赛轮数等于队数。

例如:5个队参加比赛,比赛就要进行5轮。

计算轮数的目的,在于计算比赛所需的总时间。

例如:有 7 个队参加比赛,其轮数是 7 轮,如果比赛中间再休息两天,则比赛的总时间为 9 天。

2. 单循环比赛场次的计算

单循环比赛场次计算的公式为:

$$x = \frac{n(n-1)}{2},$$

即

$$比赛场数 = \frac{队数(队数-1)}{2}$$

3. 单循环比赛的编排

单循环比赛顺序的编排,一般采用"贝格尔"法。从 1995 年起,世界性排球比赛多采用"贝格尔"编排法。目前我国正式比赛也多采用此方法进行编排。其优点是单数队参赛时可避免第二轮的轮空队从第四轮起每场都与前一轮的轮空队比赛的不合理现象。

第二节　排球的基本技术

排球技术是指运动员在比赛允许的条件下采用的各种击球动作和配合动作的总称。排球技术是排球运动最重要的组成部分。排球技术主要由步伐和手型组成,同时和运动员的视野活动、意识活动等融为一体。排球基本技术主要包括发球、垫球、传球、扣球和拦网,与排球基本技术相配合的技术还有准备姿势和移动。

1. 移动

移动是运动员在排球运动中从起动到制动的位置转移过程。其主要目的是要处理好运动员与排球之间的距离关系,移动可以迅速占据场上的有利位置,移动主要包括起动、移动步伐、制动三个环节。移动步伐包括跨步、滑步、并步、交叉步和跑步。

(1)跨步

跨步动作用于来球较低的情况,向移动方向跨出一大步,深屈膝,上体前倾。跨步可向前、侧、侧前各方向,也可以过渡到倒地动作。

(2)滑步与并步

滑步与并步用于距离较近、弧度较高的来球。向左方移动时,左脚先向左迈一步,右脚迅速跟上,保持好准备姿势。滑步与并步在传球、垫球、拦网时采用较多。

（3）交叉步

中远距离的移动,可采用交叉步。如向左移动采用交叉步时,身体稍向右转,左脚从右脚前向右交叉迈出一大步,然后右脚再向右跨出一大步,同时身体转向来球方向,成接球前的准备姿势。

以上步伐的练习方法:利用进攻线与端线的距离,做往复的手触线练习,分别采用跨步、并步、滑步、交叉步,如图6-2所示。

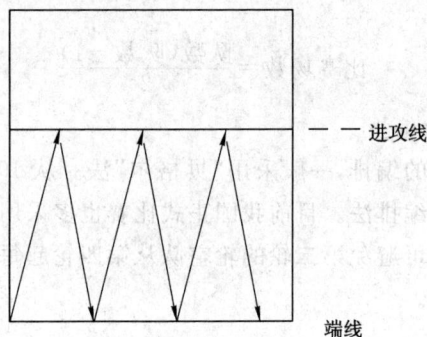

图 6-2

2. 准备姿势

准备姿势是为了便于完成各种击球动作以及快速移动,所采用的身体的合理姿势和体位状态。准备姿势根据重心的高低主要有三种:稍蹲姿势,半蹲姿势,低蹲姿势。但不管是哪种姿势,共同特点是双膝屈,脚后跟抬起离地,身体重心前倾,以便身体能够迅速对外界情况作出反应。

3. 垫球

（1）垫球的基本动作

垫球是在距腹前一臂距离处借助蹬地、抬臂动作,用双手前臂的前部,利用来球的反弹力将球击出的技术动作。垫球在比赛中多用于接发球、接扣球和接拦回球,是比赛中争取多得分、少失分由被动变主动的重要技术。垫球技术在比赛中有重要的地位,主要是用于组织进攻所开始的接发球,同时也是防守的基础要素。

垫球按照动作方法的差异可以分为:正面双手垫球、体侧垫球、背垫球、移动垫球(跨步垫球、前扑垫球等)。我们着重介绍一下正面双手垫球。

正面双手垫球是所有垫球方式的基础,其手型有抱拳式、叠掌式、互靠式(图6-3)。

抱拳式　　　　　叠掌式　　　　　互靠式

图 6-3

　　击球部位一般为腕关节以上 10 厘米左右处的双手桡骨内侧所组成的平面击球,击球的位置为球的后下部(如图 6-4)。

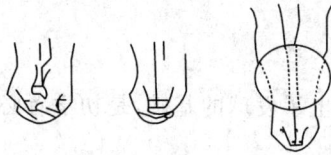

图 6-4

　　击球时双脚蹬地,手臂夹紧伸直,手腕深入到球的下方,继而提重心将球击出(图 6-5)。

图 6-5

　　(2)垫球的练习方法与要求
　　垫球的练习要从徒手开始,即模仿垫球,强调重心的控制和移动,蹬地抬臂的协调用力,做好两手的配合。动作巩固后采取一人一球的自垫练习,要求控制球的高度,用力适度。动作熟练后,两人一组,进行一抛一垫练习或对垫练习。
　　4. 发球技术
　　发球是由队员自己抛球,用一只手将球从网上空两标志杆内击入对方场区的技术动作。发球是比赛和进攻的开始。是排球技术中唯一不受别人制约的技术动作。攻击性强的发球不仅可以直接得分,还能破坏和削弱对方的进攻,打乱对方的部署,在心理上给对方造成威胁。发球一般分为下手发球和上手发球两种。

(1) 侧面下手发球(以右手为例)

侧面下手发球是最简单的发球方法,动作技术易掌握,但球的破坏力小,多为初学者采用,其动作要领由准备姿势、抛球引臂、击球手势、挥臂动作组成。

准备姿势:身体右转,左肩对球网,双脚开立同肩宽,重心在两脚之间,左手持球于小腹前。

抛球引臂:左手抛球至腹前约 30 厘米高,距离身体约一臂,同时,右臂后摆至右侧后下方。

击球手势:用掌根或虎口或全手掌击球。

挥臂手势:利用右脚蹬地转体的力量,带动右臂加速向前上方准备,在腹前击球的后下方。

(2) 正面上手发球

正面上手发球是各种上手发球的基础,是初学者必须掌握的基础技术,发球威力要大于下手发球。

正面上手发球的动作要领由准备姿势、抛球引臂、击球手势、挥臂动作组成(图 6-6)。

图 6-6

准备姿势:发球人面对球网,双脚前后开立,左手持球于腹前,右手自然放置,目视发球方向。

抛球引臂:发球时,左手将球上抛至体前头的前上方,右臂屈臂向后引臂,上体稍右转,肘关节内收,折叠手腕。

击球手势:手掌自然张开,用全手掌击球。

挥臂动作:击球时,利用收腹的力量带动手臂前挥,用全手掌击打球的后中下部,并且向前上方用力击打。

发球练习方法：

练习一：抛球、引臂和挥臂

方法：左手抛球同时右臂做引臂、挥臂击球动作，但球不击出。

要求：动作连贯、手法正确、对准击球部位。

练习二：近距离对墙或对挡网，距离 5～6 米，完整动作发球。

要求：手法正确，击准球，先轻后重，逐步加力。

5. 传球技术

传球是在额前上方用双手（或单手）借助蹬地、伸臂动作，通过手腕、手指的弹击力量来完成的击球技术动作（图 6-7）。传球主要作用是把接起的球传给前排队员进攻。一个队的进攻能力能否充分发挥，在很大程度上取决于该队的传球水平。为了争夺网上优势，使进攻战术快速多变，二传手更起着核心作用。传球技术分类很多，如：正面双手传球、背传球、跳传球等，但其手势都是统一的。

图 6-7

正面双手传球动作要领：正面双手传球采用稍蹲的姿势，手臂抬起，自然将手放于脸前，击球点在额头上方一球的距离。当触球时，双手自然张开呈半球形，手腕后仰，拇指相对呈八字形或一字形（图 6-8），用拇指内侧、食指全部和中指的二三指节持球，无名指和小拇指控制球的方向。传球时力量主要来源于蹬地、展臂、展腕和拨指。手指手腕协调用力控制球的方向和高度。

图 6-8

传球练习方法：

练习一：手势练习

方法：两人一组，一人持球做完整动作传球，另一人单手稍用力按球，交替进行。

要求：传球人体会蹬地、伸腿、伸臂全身协调用力的传球方法。

练习二：对墙传球

方法：人距墙 30～50 厘米，对墙传球，动作掌握后距离可以逐步增加至 1～2 米。

要求：手势、击球点正确。

练习三：自传

方法：每人一球，连续自传，高度 50 厘米左右，手势巩固后可以提高至 1～2 米。

要求：体会手势及用力。

6. 扣球技术

扣球是跳起在空中用一只手臂作弧形挥动，用手将本方场区上空的球，从两标志杆内的球网上空击入对方场区的技术动作（图 6-9）。扣球在比赛中是进攻最积极、最有效的武器，因此是得分、得权的主要手段。

图 6-9

扣球技术主要由准备、助跑、起跳、击打、落地缓冲几个技术部分构成。我们以扣一般高球为例介绍扣球的基本动作要领。

扣球前采用稍蹲的姿势，站立于进攻线的附近，做好各个方向助跑起跳的准备，助跑一般采用两步或三步助跑，助跑最后一步要大，起到制动的作用，同时双臂后摆，然后积极摆动，双脚蹬地向上跳起，然后展胸展腹，左臂抬起，右臂向后引臂，身体成反弓形。击球时，转体收腹，带动手臂、腕等部位成鞭打动作向前上方挥动，并且以全手掌包满球，击打球的后中部，然后屈腕推压，使球产生旋转。落地时用脚前掌着地，屈膝收腹缓冲下落力量。

练习方法：

练习一：徒手助跑起跳扣球

方法：位于进攻线后，两步助跑起跳徒手挥臂扣球。

要求:完整动作连贯协调,全力起跳不触网。

练习二:原地扣固定球

方法:两人一组,一人持球高举成固定球,另一人扣固定球,交替进行。

要求:打准部位,全手掌包住球。

练习三:对墙扣球

方法:每人一球,距墙3~4米,自抛扣球。

要求:手臂放松击打,最高点击球,全手掌包满,打准部位。

7. 拦网

拦网是队员在网前以腰部以上身体任何部位主要是手臂、手掌,在球网上沿阻挡对方击球过网的技术动作(图6-10)。拦网是防守的第一道防线,是反攻的重要环节。拦网可将对方有力的扣杀拦起,减轻后排防守的压力,为本方组织反攻创造条件。拦网能把对方的扣球直接拦回、拦死,在比赛中是得分、得权的重要手段之一。

图 6-10

练习方法:

练习一:网前徒手起跳拦网

方法:网前完整动作徒手拦网。

要求:体会人与网的关系,全力起跳不触网。

练习二:扣拦练习

方法:两人一组,低网隔网相对,一扣一拦。

要求:拦网者两臂尽量伸直上提过网靠近球,体会盖帽捂球的手法。扣球者原地扣球"喂"到拦网者手上。

第三节　排球战术

排球战术是指比赛中为求获胜,在规则范围内只能根据排球运动的规律和双方的具体情况及临场变化采取的有意识、有组织的集体配合和个人技术的总称。排球战术可分为个人战术和集体战术两大类。个人战术即个人根据场上情况有目的地运用技术的过程,分为发球、一传、二传、扣球、拦网、后排防守6项。集体战术是指两个或两个以上队员之间有组织、有目的的集体协同配合。

1. "四二"配备阵型

"四二"阵型有4个攻手和2个二传手。二传手通常在前排中间的位置进行二传(在"四二"阵型中,二传手更多地在前排靠右的位置进行二传)。因此在比赛的任何时刻全队有两名前排进攻球员。

在轮转中两名二传手对角站位。在典型的阵型中包括两名对角站位的主攻手,因此在任何时刻前排和后排都各有一名主攻手。发球之后,前排球员移动到各自负责的位置,二传手总是在前排中间。或者,二传手移动到前排靠右的位置,此时前排另外两名球员分别担当主攻(左侧)和副攻(中间),但缺陷在于缺少一名在二传手身后的进攻球员,使得对方有一名前排球员可以放心地参与中间位置的拦网。

"四二"阵型很明显的弱点就是只有两名进攻球员,使得球队可采用的进攻手段很少。

从另一个角度看,二传手也是一种攻击力(虽然是较弱的攻击力),因为当二传手轮转到前排时,是允许扣球的,所以当一传过来的球近网时,二传手可以选择击球过网(二次球)。这意味着在其他情况下可以忽略对二传手进行拦网的对方球员,此时必须留意二传手的进攻。

"中一二"战术的打法是"四二"配备的典型打法。

"中一二"战术实际是3号位做二传的战术配备,即谁轮转到3号位时谁就要做二传。采用此种战术配备,要注意前后排实力均匀,"中一二"打法一般采用的是"四二"配备,即四人进攻,两人二传,且二传的位置始终是3号位。

练习方法:

练习一:教师在6号位抛球,3号位队员分别把球传给2号、4号位队员进攻,见图6-11。

练习二:教师隔网抛球,后排队员垫球,3号位队员分别把球传给2、4号位队员进攻(见图6-12)。

"四二"配备的另一种典型打法是"边一二"(图6-13),即二传的位置始终在

2 号位,并且两个二传对应。

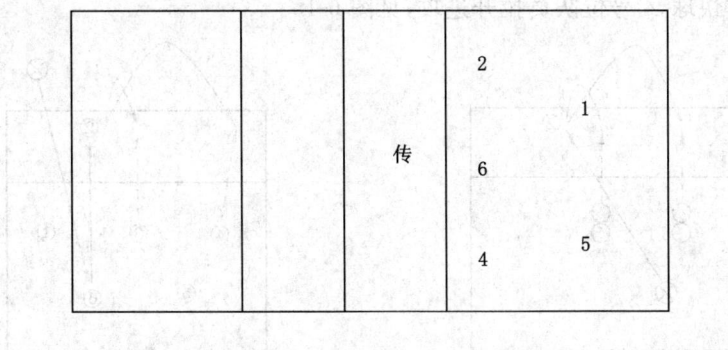

图 6-11

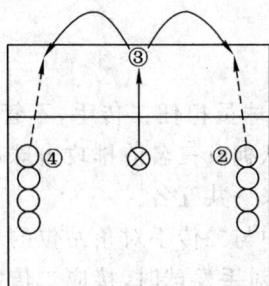

图 6-12

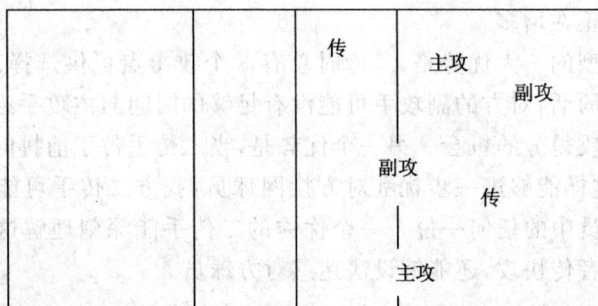

图 6-13

练习方法:

练习一:教师在 5 号位抛球,2 号位队员分别把球传给 3 号位队员扣近体快球,4 号位队员拉开进攻,见图 6-14。

练习二:教师隔网抛球,6号位队员垫球,2号位队员分别把球传给3号位队员扣近体快球,4号位队员拉开进攻,见图6-15。

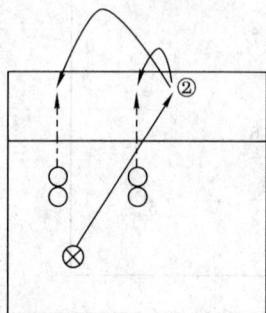
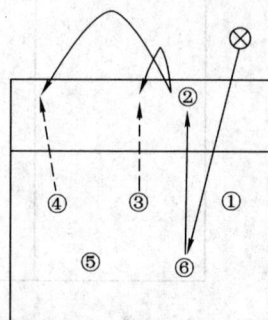

图 6-14   图 6-15

2."五一"配备阵型

"五一"阵型中只有一名球员担任二传手,不管他的位置在前排还是后排。因此当二传手在后排时,全队拥有三名前排攻击球员;而当二传手在前排时,只有两名前排攻击球员,加起来一共五名。

在"五一"阵型中,轮传中与二传手对角站位的球员称为接应二传。一般来说,接应二传不参与一传,当对手发球时,接应二传站在队友们的后方。当二传手位于前排时,接应二传可以作为第三进攻点(后排进攻),这在现代排球中已经成为各队提高攻击力的常用手段。因此接应二传通常是队中扣球技术最好的球员。后排进攻通常来自后排右侧(1号位),但在高级别的比赛中从后排中间位置进攻的情况正在增多。

"五一"阵型的一大优势是,二传时总有3个攻击点可供选择。如果二传手运用好这一点的话,对方的副攻手可能没有足够的时间与主攻手组织双人拦网,增加了我方进攻得分的机会。另一个优势是,当二传手位于前排时,他可以采用二次球进攻,这样能够进一步扰乱对方拦网球员:我方二传手可能扣球,也可能传球给进攻球员中的任何一位。一个优秀的二传手能深刻理解这一点,不仅能二次球进攻或者传快攻,还能够设法迷惑对方球员。

第四节　排球裁判法

一、发球犯规及裁判方法

1. 发球犯规

下列情况为发球犯规:

（1）发球次序错误。

（2）发球队员在击球时或击球起跳时,踏及场区（包括端线）或发球区以外地面。

（3）发球队员在第一裁判鸣哨 8 秒内未将球击出。

（4）球未被抛起或未使持球手清楚撤离就击球。

（5）双手击球或单手将球抛出、推出。

（6）球抛起准备发球,却未击球。

2. 发球击球后的犯规

下列情况为发球击球后的犯规：

（1）球触及发球队队员或没有通过球网的垂直平面。

（2）球触网后落入对方场区外,为界外球。

（3）球越过发球掩护的个人或集体（在发球时,某一队员或 2 名以上队员密集站位或挥臂跳跃、移动遮挡接发球队员,且发出去的球从他或他们上空飞过,则构成个人或集体发球掩护犯规）。

3. 对发球犯规的裁判方法

（1）发球犯规由第一裁判员判断,发球击球后的犯规由第一裁判和司线员进行判断。

（2）发球犯规如与对方位置错误同时发生,应判位置错误在后,发球击球后的犯规如与对方位置错误同时发生,应判位置错误在前。

（3）下列情况,第一裁判员应重新鸣哨发球：

① 第一裁判未鸣哨、发球队员已将球发出。

② 遇特殊情况（如运动员受伤,球滚入场内等）。

③ 第二裁判员在第一裁判鸣哨允许发球后,又鸣哨中断比赛允许某队暂停或换人的请求,第一裁判员不允许中断比赛的请求。

（4）第一裁判员待发球队员进入发球区并拿到球做好准备、接发球一方已站好位置,即可鸣哨。鸣哨后,第一裁判员默数 8 秒。

（5）发球队员同场上本方后排其他两位队员无位置错误关系。

二、轮转犯规及裁判方法

1. 下列情况之一者,即为轮转错误犯规

（1）未按记录表上登记的发球次序进行发球。

（2）发球队胜一球后,而换由其他队员继续发球。

2. 对轮转错误的裁判方法

（1）比赛中主要由记录员发现该犯规,记录员应在球发出后鸣哨中断比赛并报告裁判员。

（2）对轮转错误犯规的判罚由第一裁判员鸣哨判定，结果为失一球，而对方得分并换由对方发球。

（3）令该队恢复到正确的位置上。

（4）记录员如能确定在错误过程中得分，则取消该队在误发中所得分数，而对方得分有效；记录员如不能确定在错误过程中所得分数，则只做失一球判罚。

（5）如一局结束或一场结束，运动员已交换场区或已退场，则分数、局数、比赛结果均有效。

三、位置犯规及裁判方法

1. 下列情况之一者为位置错误犯规

（1）在发球队员击球时，场上其他队员未完全站在本场区内。

（2）未按规则"每一名前排队员至少有一只脚的一部分，比同列后排队员的双脚距中线更近"。规则规定即4号位同5号位，3号位同6号位，2号位同1号位对比发生位置错误犯规。

（3）未按规则"每一名左边（右边）队员至少有一只脚的一部分比同排中间队员的双脚距左（右）边线更近"。规则规定3号位同4号位，3号位同2号位；6号位同5号位，6号位同1号位对比发生位置错误犯规。

2. 对位置错误犯规的裁判方法

（1）第一裁判员观看发球一方有无位置错误犯规，第二裁判员观看接发球一方有无位置错误犯规。

（2）队员的位置，根据其脚着地部位来判定。

（3）位置错误犯规是击球瞬间造成的。击球前后均不存在位置错误犯规，击球后，队员可以在本场区任何地方和无障碍区自由活动。

（4）对位置错误犯规的处理办法与轮转错误相同。

四、连击犯规及裁判方法

1. 连击犯规

身体任何部分均可触球，但一名队员（拦网队员除外）连续击球两次或连续触及他身体的不同部位（第一次击球，同一个动作击球除外），即为连击犯规。

第一次击球，队员在同一击球动作中，允许球连续触及身体的不同部位。

2. 对连击犯规的裁判方法

（1）连击犯规由第一裁判员负责判断。

（2）第二裁判员可以用手势向第一裁判员表明背向第一裁判员的连击犯规，但不得坚持。

（3）第一次击球时，无论是上手传球或其他身体部位触球，只要是一个动作,则非连击犯规。

（4）第一裁判员要注意观察判断第二次、第三次击球中的连击犯规。

五、持球犯规及裁判方法

身体任何部分均可触球,但球必须被击出,不得接住或抛出,否则即为持球犯规。对持球犯规的裁判方法:

（1）持球犯规由第一裁判员判罚,其他裁判人员均不得对持球犯规进行判断或出示手势。

（2）判断持球的主要根据是球是否停滞在身体上。合法的击球是一个单一击球反弹动作,而持球犯规是先使球停滞(接住或抛出),再将球击出。

（3）第一裁判员应根据不同的比赛性质和对象确定对持球的判断,掌握好判断"尺度"。做到双方一致、前后一致。

（4）第一裁判要明确该条文的制定目的是鼓励防守。因此运动员第一次击球时或抢救险球时,判断应放宽,给予鼓励。

六、四次击球犯规、借助击球犯规、同时击球及裁判方法

（1）每队最多击球三次(拦网除外)将球从球网上方越过网区击回对方,超过规定次数的击球,判为四次击球犯规。第一裁判员对四次击球犯规进行判罚,第二裁判员可以出示手势。

（2）队员在比赛场地以内借助同伴或任何物体的支持进行击球,即为借助击球犯规。第一裁判员对借助击球犯规进行判罚。运动员如果跑到场地以外如挡板外、看台上击球时,这种行为是规则允许的,应给予鼓励。

（3）同时击球

① 同队的两名或两名以上队员同时触到球,被计为两次或两次以上击球(拦网除外)。

② 网上同时击球后,球落入场内,继续比赛,获球一方还可击球三次。

③ 网上同时击球后,球落入甲区场外,则判乙方击球出界。

④ 同时击球,球触标志杆,判为双方出界,重新发球。

⑤ 网上同时击球造成持球犯规,判为双方犯规,重新发球。

第一裁判员对网上同时击球进行判罚。

进攻性击球是指除发球、拦网外,所有向对方的直接击球都是进攻性击球。进攻性击球犯规主要包括过网击球犯规,后排队员进攻性击球犯规,击发球犯规。

七、过网击球犯规及裁判方法

在对方场区空间击球,即为过网击球犯规。对过网击球犯规的裁判方法:

（1）过网击球犯规由第一裁判员进行判罚。

（2）第一裁判员要把握住网的垂直面，以判断击球点是否过网。

（3）队员的击球点应作为判断是否过网击球的依据，球的位置只作为判断的辅助条件。

（4）过网击球不单指扣球动作，还指一切直接击球到对方的技术动作。如二传的过网二次吊球、伸手过网击球动作等，都属过网击球犯规。

八、后排队员进攻性击球犯规及裁判方法

后排队员在前场区完成进攻性击球（或球触对方拦网队员手即被认为完成进攻性击球），并且击球时，球的整体高于球网上沿，即为后排队员进攻性击球犯规。对后排队员进攻性击球犯规的裁判方法：

（1）第一裁判员、第二裁判员均可对后排队员进攻性击球犯规鸣哨判罚。

（2）裁判员要注意判断该犯规的三个条件，只有三个条件都存在，才构成后排队员进攻性击球犯规。三个条件分别是：前场区，此时要注意后排队员起跳是否踩进攻线或在进攻性线前；完成进攻性击球，如球触拦网的手即算完成进攻性击球；球整体高于球网。

（3）第一裁判员在判断时，要降低重心，判断球的整体是否高于球网上沿。

（4）后排队员在前排的二传球、吊球、处理球只要具备犯规的三个条件，都属进攻性击球犯规。

九、击发球犯规及裁判方法

在前场区对对方的发球在球的整体高于球网上沿时完成进攻性击球即为击发球犯规。对击发球犯规的裁判方法：

（1）第一裁判员对击发球犯规进行判罚。

（2）第一裁判员要观察击发球行为是否在前场区，球的整体是否高于球网，如为击球动作则是击发球犯规，如是拦网动作则为拦发球犯规。

十、过网拦网犯规及裁判方法

在对方进攻性击球前或击球的同时，在对方场区空间拦网触球，即为过网拦网犯规。对过网拦网犯规的裁判方法：

（1）过网拦网犯规由第一裁判员判罚。

（2）第一裁判员要注意判断是拦网先触球还是进攻击球先触球，或是同时触球。

（3）在对方第一、第二次击球时，球飞向网的方向，如果附近没有运动员准备击球，拦网队员可以过网拦网。

（4）平行球网的球不能过网拦网，第三次击球后除外。

十一、后排队员拦网犯规及裁判方法

后排队员完成拦网或参加了完成拦网的集体，即为后排队员拦网犯规。对

后排队员拦网犯规的裁判方法：

(1) 第一裁判员、第二裁判员均可对该犯规鸣哨判罚。

(2) 裁判员要注意后排队员拦网犯规的三个条件：在球网附近，手高于球网，触及球或参与完成拦网的集体。三个条件均具备才构成后排队员拦网犯规。

十二、拦发球犯规及裁判方法

拦对方发球即为拦发球犯规。对拦发球犯规的裁判方法：

(1) 拦发球犯规由第一裁判员进行判罚。

(2) 第一裁判员判断时要降低重心判断拦网人手是否高于球网。

十三、网下穿越、过中线犯规及裁判方法

从网下穿越进入对方空间并妨碍对方比赛，则为网下穿越犯规。队员的一只(两只)脚或一只(两只)手完全越过中线触及对方场区，则为过中线犯规。对网下穿越、过中线犯规的裁判方法：

(1) 第一裁判员可以鸣哨判罚。

(2) 该项犯规的判罚是第二裁判员的主要职权范围。

(3) 判断穿越犯规时要观察是否妨碍对方比赛，如不妨碍则不算犯规。

(4) 在不影响对方比赛情况下，队员可以穿越而进入对方无障碍区。

(5) 裁判员要看清整个脚掌或手掌全部越过中线，触及对方场区方能鸣哨判罚。

(6) 队员除手和脚外的身体其他部分都不允许接触对方场区，否则即为过中线犯规。

(7) 裁判员在双方队员扣、拦时，要注意网前移动情况，第二裁判员在队员完成击球后，视线应在中线上稍有停留。

十四、延误比赛犯规及裁判方法

1. 规则规定下列情况为延误比赛犯规

(1) 换人延误比赛。

(2) 在裁判员鸣哨恢复比赛后，拖延暂停时间。

(3) 请求不合法的替换。

(4) 在同一局中再次提出不符合规定的请求：

① 发球鸣哨同时或之后提出间断比赛请求。

② 无请求权成员提出请求。

③ 同一队换人后未经过比赛再次请求换人。

④ 再次请求的第三次暂停，第 7 次换人。

⑤ 场上队员拒绝比赛。

2. 对延误比赛犯规的裁判方法

（1）只有第一裁判员可以对延误比赛进行判罚。

（2）第二裁判员可以向第一裁判员示意场上延误比赛情况，提醒第一裁判员给予判罚。

（3）在同一场中，对一个队的第一次延误比赛给予"延误警告"，不判罚失球，但需登记在记分表上。

（4）在同一场中，同一队任何一名队员或其他成员造成任何类型的第二次、第三次、……延误犯规，则均给予出示黄牌的"延误判罚"结果为失一球，并登记在记分表上。

十五、判罚

球队成员对裁判员、对方队员、同队队员或观众造成不良行为，应给予判罚。根据其犯规的严重程度分为三类：

（1）粗鲁行为：违背体育道德原则和文明举止，有侮辱性表示。

（2）冒犯行为：诽谤、侮辱的言语或形态。

（3）侵犯行为：人身侵犯或企图侵犯。

对不良行为的裁判方法。

对轻微不良行为不进行判罚，以手势或语言进行警告。对粗鲁行为出示黄牌，判该队失一球。对冒犯性行为，出示黄牌，判罚取消一局比赛资格。对侵犯性行为，出示红、黄牌，判罚取消一场比赛资格。各种判罚均登记在记分表上。

附：排球考试内容、标准和方法

一、考试内容

1. 实践课：垫球、教学比赛；

2. 理论课；

3. 综合评定：考勤、学习态度、提高幅度、学生参与意识。

二、考试标准

1. 垫球：考试者分别在1、6号位接对面场地抛来的球向2、3号位之间垫球，各垫5次，合格球3分。

2. 教学比赛：基本能运用所学的各项基本技术，移动积极，有团队精神，有较强的空间感，有一定的比赛能力。

三、考试方法

1. 垫球考试：男、女生分开考试，每人垫球10次。

2. 教学比赛：根据场上学生的综合表现评定成绩。

3. 理论课根据学生完成试卷的情况评定成绩。

四、分值比例

1. 实践课:垫球 30 分,占 30%;

　　　　　教学比赛 30 分,占 30%。
2. 理论课:30 分,占 30%。
3. 综合评定:10 分,占 10%。

第七章 足　　球

第一节　足球概述

　　足球是以脚为主支配球的一项球类运动。现代足球运动是世界上开展得最广泛、影响最大的运动项目,有人称它为"世界第一运动"、"运动之王",深受人们的喜爱。

一、足球的起源

　　中国古代把用脚踢球叫"蹴鞠"。早在两千多年前的春秋战国时代,就有了蹴鞠游戏。西汉时修建有"鞠域",专供竞赛之用。唐代是蹴鞠活动的昌盛时期,出现了用灌气的球代替了过去以毛发之物充填的球称为"气毬",并用球门代替了鞠室。而在西方,公元 10 世纪以后,法国、意大利、英国等一些国家有了足球游戏。到 15 世纪末有了"足球"之称,后逐渐发展成现代的足球运动。1863 年 10 月 26 日,英国人在伦敦成立了世界上第一个足球运动组织——英国足球协会,并统一了足球规则。人们称这一天是现代足球的诞生日。这次制定的足球规则共 14 条,它是现今足球规则的基础。从 1900 年的第 2 届奥运会开始,足球被列为奥运会的正式比赛项目,但它不允许职业运动员参加。1904 年 5 月 21 日,国际足联在巴黎成立。从 1930 年起,每 4 年举办一次世界足球锦标赛(又称世界杯足球赛),比赛取消了对职业运动员的限制。从此,现代足球运动日益发展。

二、足球运动的特点

　　足球运动有如此大的魅力,不仅在于足球运动有着丰富的内涵,而且也与足球运动的特点有关。

　　(一) 整体性

　　足球比赛每队由 11 人上场参赛。场上的 11 人要思想统一,行动一致,攻则全动,守则全防,整体参战的意识要强。只有形成整体的攻守,才能取得比赛的主动权及良好的比赛结果。

　　(二) 对抗性

　　足球运动是一项竞争激烈的对抗性项目,比赛中双方为争夺控制权,达到将球攻进对方球门,而又不让球进入本方球门的目的,展开短兵相接的争斗,尤其是在两个罚球区附近时间、空间的争夺更是异常凶猛,扣人心弦。一场高水平的比赛,双方因争夺和冲撞倒地次数多达 200 次以上,可见对抗之激烈。

（三）多变性

足球运动是一项技术上多彩多姿、战术上变幻莫测、胜负结局难以预测的非周期性运动项目,比赛中运用技、战术时要受对方直接的干扰、限制和抵抗。技、战术是依临场中具体情况而灵活机动地加以运用和发挥的。

（四）易行性

足球竞赛规则比较简单,器材设备要求也不高。一般性足球比赛的时间、参赛人数、场地和器材也不受严格限制,因而是全民健身中一项十分易于开展的群众性的体育运动项目。

三、足球运动的作用

（一）有利于良好的心理品质及思想品德的形成

经常从事足球运动,不仅对自身良好性格的形成能产生巨大的影响,而且还可以培养人的意志、自制力、责任感及勇敢顽强、机智果断、坚韧不拔、勇于克服困难、团结协作、密切配合、集体荣誉感、守纪律等思想品德。

（二）有利于增强体质、促进健康

足球运动是全面锻炼和健全体魄的良好手段,是全民健身活动中一项行之有效的体育运动项目。经常从事足球运动,可以提高人们的力量、速度、灵敏性、耐力、柔韧性等身体素质,并能使人的高级神经活动得到改善,尤其能增强人体的心血管系统、呼吸系统等内脏器官的功能,从而促进人体的健康。据测定,一名优秀的足球运动员的肺活量比正常人要多 2 000～3 500 毫升,安静时的心律要比正常人低 15～22 次/分。

（三）有利于精神文明建设

在改革开放的今天,足球已成为我国许多城市中人们生活的一部分。人们从踢足球中得到情绪体验、从看足球中得到艺术享受、从谈论足球中得到思想交流,足球运动丰富了人们的业余文化活动,提高了人们的生活质量。足球已成为一些城市的政治、经济、文化、生活的重要组成部分。它吸引着千千万万个市民,它反映了城市的精神面貌,是城市形象的标志之一,是精神文明建设的载体。

（四）有利于振奋民族精神

在重大国际足球比赛中,能激发人民团结拼搏、进取向上的精神和爱国主义热情。如喀麦隆足球队进入世界杯前 8 名时,总统拜耶授予守门员恩科诺和前锋米拉最高公民爵位——"勇敢勋爵",对全体队员及教练也授予"勇敢勋章"。他在讲话中称赞他们为整个非洲提供了一个经验,即"团结一致,为争取胜利而奋斗"。再如 1981 年 1 月,当中国队在香港战胜朝鲜等足球队,获得第 12 届世界杯亚洲区小组冠军时;1987 年 10 月,当中国队在东京战胜日本队获得进军汉城奥运会的权利时,神州大地一片欢腾的景象,极大地鼓舞了中国人民,振奋了民族精神。

第二节　足球基本技术

一、颠球

颠球是指运动员用身体的各个有效部位连续地触击球,并加以控制尽量使球不落地的技术动作。颠球是运动员熟悉球性的一种练习手段,以增强对球的弹性、重量、旋转及触球部位、击球时用力要领的掌握。

1. 技术动作要领

(1) 双脚脚背颠球:脚向前上方摆动,用脚背击球,击球时踝关节固定,击球的下部。两脚可交替击球,也可一只脚支撑,另一只脚连续击球。击球时用力均匀,使球始终控制在身体周围。

(2) 双脚内侧、外侧颠球:抬腿屈膝,用脚的内侧或外侧向上摆动,击球的下部,两脚内侧或外侧交替击球。

(3) 大腿颠球:抬腿屈膝,用大腿的中前部位向上击球的下部,两腿可交替击球,也可一只脚做支撑,用另一侧的大腿连续击球。

(4) 头部颠球:两脚开立,膝盖微屈,用前额部位连续顶球的下部。顶球时,两眼注视球,两臂自然张开,以维持身体平衡。

练习方法:

练习一:一人一球颠球

体会触球的时间、触球的部位、触球的力量和整个动作的协调配合。

练习二:两人一球颠球

用脚背、大腿、头部以及身体各部位触球,掌握好触球的力量,尽量不让球落地。每人可触球一次颠给对方,也可触球多次互颠。

练习三:四五人一组,围圈用两球颠球

可规定每人触球的次数与部位,也可自由掌握触球的次数与部位。颠传时要注意观察,防止两个球同时颠传给同一伙伴。

2. 易犯错误

(1) 脚击球时踝关节松弛,造成用力不稳定。

(2) 击球时脚尖向下或向上勾,造成球受力后向前或向后触碰身体,使球难以控制。

（3）颠球时身体其他部位不够放松，以至于动作僵硬。

（4）头部颠球时腿部、躯干、颈部配合用力不协调，仅用颈部颠球。

二、运球

经常用于运球的部位有：脚背外侧运球、脚背内侧运球、脚背正面运球、脚内侧运球。

1. 脚背外侧运球

用于直线、弧线变向运球，其特点是易于掌握运球方向和发挥运球人奔跑速度，还具有掩护球的作用。比赛中多在快速奔跑和向外改变方向时使用。

动作要领：跑动时身体自然放松，上体稍前倾，两臂自然摆动，步幅要小些。运球脚提起时，膝关节弯曲，脚跟提起，脚尖稍内转，当脚迈步前伸至球时，球正好在膝关节下方，用脚背外侧向前推拨球，球直线运行；向前侧推拨球，球曲线或弧线运行。

2. 脚背内侧运球

多在改变方向并需要用身体掩护球的情况下使用。此动作幅度较大，速度较慢。比赛中常在需要用身体倚住对方时采用。

动作要领：跑动时身体自然放松，上体稍前倾并稍向运球方向转动，两臂自然摆动，步幅要小些。运球脚提起时，膝关节弯曲，脚跟提起，脚尖稍外转，在迈步前伸脚着地前，用脚背内侧向前侧推拨球，球向前侧曲线或弧线运行。

3. 脚背正面运球

用于直线快速运球。一般在运球人前方无人阻挡而又需要长距离运球时，如突破对手后，从对方身后接球形成单刀面对进攻方向时常使用此方法运球。

动作要领：跑动时，身体自然放松，上体稍前倾，两臂自然摆动，步幅不宜过大。运球脚提起时，膝关节弯曲，脚跟提起，脚尖下指，在迈步向前伸脚着地前用脚背正面向前推拨球前进。

4. 脚内侧运球

脚内侧运球是速度最慢的一种运球技术方法。当运球接近对手需要用身体掩护球时采用此方法运球。

动作要领：运球时，支持脚稍向前跨，踏在球的前侧方，膝关节稍弯曲，上体前倾并向里转。随着身体的向前移动，运球脚提起，用脚内侧推球的后中部。

练习方法：

练习一：运折线球接力

方法：两队，每队 3 人，成两路纵队，相距 5 米左右。在开始线前每隔 3 米斜线地放置一个标志物，每边共用 5 个标志物。第一个队员快速脚内侧运球绕过所有标志物后，脚内侧传回，然后快速跑回自己的队尾。第二个队员开始练习，重复第一个队员的练习过程,看哪一个队最先完成所有队员的运球练习。

要求:推拨球控制用力要精细,左右脚均要练习。变向时身体重心要紧跟球。

练习二:小步子快慢交替运球

方法:4人一球,两人一队,相距30米左右。运球队员以小步子慢速运球5米,接着小步子快速运球5米,不断交替,运球到对面,将球交给对面的第一个队员,然后回到该队尾。接到球的队员重复第一个队员的练习过程。4人不断重复练习。

要求:快速运球每两步必须触一次球,慢运球时则不受此限制。运球跑动要协调,要始终将球控制在自己的控制范围内。左右脚均要练习,头要稍稍抬起。

练习三:走动中运折线球

方法:4队,每队4人,场地约为20米×15米,每队一球。每队第一个队员在走动中用左脚脚背外侧向左侧前方运两三步,然后用右脚脚背外侧向右侧前方运两三步,使球成折线移动。到达场地另一端后,将球传回给本队的第二个队员,然后慢跑回到自己的队尾。第二个队员重复第一个队员的练习过程,直到每个队员都进行练习为止。

要求:触球时拨扣球用力要柔和,身体重心要紧紧随球而动。变向时身体重心移动要协调,支撑脚的位置要向前外侧调整。

练习四:掩护运球

方法:两队,每队6人。在场地上划出6个10米×10米的场区。每个场区内一名防守队员,一名运球队员。防守队员设法将运球队员逼出自己的防守区域,而运球队员则用身体掩护好球不断躲避防守队员的逼抢。练习一段时间后两人交换练习角色。

要求:防守队员努力迫使运球队员离开自己的防守区域。运球队员要不断改变运球方向和路线,用身体隔断防守队员,使球始终保持在自己的控制范围之内。

练习五:搬运球比赛

方法:两队,每队4人8个球。在距离开始地点25米左右位置各划出左右两个2米×2米的区域,在右区域内放4个球。在开始位置也同样如此划出左右两个区域,在左区域内放4个球。开始练习时,第一个队员从开始处的左区内运一个球到端点处的左区内将球在此区内停好,然后快速从右区内运一球回到开始位置的右区内将球控制好。第二个队员重复第一个队员的练习过程,依次轮换,直到所有的球都重新回到原来的位置为止。

要求:运球时要始终把球保持在自己控制的范围内。停球必须将球停在各区内才有效,否则为违例。

三、踢球

用脚的某一部位将球踢向预定目标,主要用于传球和射门。按脚触球的部位,可分为脚内侧(脚弓)踢球、正脚背踢球、内脚背踢球、外脚背踢球、脚尖和脚跟踢球等多种方法,动作要领各有不同,但均有助跑,由支撑脚站位、踢球腿的摆动、脚触球和踢球后随前动作等环节组成。按踢球时球的状态,可分为踢定位球、踢滚动球、踢反弹球和踢空中球等。

(1)脚内侧踢球。它是用脚内侧的跖趾关节、舟骨和跟骨所构成的三角部位接触球的一种踢球方法。

特点:脚与球的接触面积大,出球比较平稳、准确。出球力量较小。

基本动作要领:踢定位球时,直线助跑,支撑脚踏在球的侧方 15 厘米左右处,膝关节微屈,在支撑脚着地的同时踢球腿以髋关节为轴由后向前摆动,在前摆过程中屈膝外转,踢球脚的内侧正对出球方向,小腿加速前摆,脚尖稍翘起,脚掌与地面平行,用脚内侧部位击球的后中部。脚内侧踢球在脚与球接触过程中有两种方法:一种是推送的踢法。这种踢法脚触球时,踢球腿要继续前摆,这样踢球脚与球接触的时间较长,出球易平稳。另一种是敲击踢法。踢球时,踢球腿的大腿摆动不大,只是小腿快速前摆击球,击球后,小腿突然停止前摆,该动作接触时间短促,动作有力。

易犯错误:第一,踢球腿膝盖外转不够,脚尖没有翘起。第二,摆腿动作太紧张,成直腿扫球动作。第三,踢球脚脚掌内翻。

(2)脚背正面踢球。是用脚背正面的楔骨和跖骨的末端构成部位触球的一种踢球方法。

特点:踢球腿的摆幅大,摆速快,踢球的力量大,出球的性能变化小,出球方向也比较单一。

基本动作要领:踢定位球时,直线助跑,最后一步稍大并要积极着地,支撑脚在球的侧方约 10～12 厘米处,脚尖正对出球方向,膝关节微屈,踢球腿在支撑脚前跨和助跑的最后一步蹬离地面时,顺势向右摆起,小腿曲屈。在支撑脚着地的同时,以髋关节为轴,大腿带动小腿由后向前摆,当膝盖摆至接近球正上方的刹那,小腿做爆发式前摆,脚背绷直,脚趾扣紧,以脚背的正面击球的后中部。踢球腿随球继续提膝前摆。

易犯错误:第一,支撑脚的位置靠后,造成踢球时身体后仰,踢球的后下部,出球偏高。第二,踢球腿前摆时,小腿过早前摆,造成直腿踢球,出球无力。第三,摆腿方向不正。第四,踢球时,因怕脚尖触地,脚背不敢绷直,造成脚趾触球。

① 腿背正面踢定位球,是初学者必须严格掌握的基本技术动作。而在比赛

中,还常常用脚背正面踢反弹球、空中球、倒勾球及搓球等。在掌握好踢定位球基础上作为提高掌握的动作做如下介绍。

② 脚背正面踢反弹球时,要准确判断球的落点、落地时间和反弹路线,身体正对来球反弹方向,支撑脚在球的侧方。当球要落地时,踢球腿的小腿急速前摆,在球刚反弹离地时,以脚背正面击球的后中部。该动作易犯的错误为:对球的落地时间判断不准,摆腿过晚,击球的后底部,击球偏高。

③ 脚背正面踢空中球(侧身踢空中球)时,首先要判断好球的运行路线和确定好击球点,并使身体侧对出球方向,支撑脚跨上一步,脚尖指向出球方向,上体向支撑脚一侧倾斜,踢球脚的大腿带动小腿急速向出球方向挥摆,用脚背正面踢球的后中部,在摆腿踢球的过程中身体随之向出球方向扭转。在踢球的刹那,眼睛始终注视球,身体正对出球方向。踢球后,面对出球方向。该动作易犯的错误为:摆腿过早或过晚,造成漏踢。支撑脚尖没有对着出球方向,限制了身体的扭转。上体倾斜不够,造成踢球时腿朝斜上方挥摆,击在球的中下部,出球偏高。

④ 脚背正面踢倒钩球时,支撑脚先向前跨一步,膝关节弯曲,上体后仰,踢球腿以髋关节为轴尽力向上方摆动。当球落到头的前上方时,用脚背正面向后勾踢。该动作易犯错误为:上体后仰不够,膝关节太直,造成踢出的球方向不是向背后而是向上运行。

⑤ 脚背正面跳起踢倒钩球时,先判断好来球的运行路线并确定好击球点,然后踢球脚上步蹬地起跳,同时另一腿上摆,使身体腾空后仰,眼睛注视来球。在另一腿下摆的同时,踢球腿以大腿带动小腿急速挥摆,两腿在空中成剪式交叉,以脚背正面踢球的后中部,踢球后,两臂微屈,手掌向下撑地,手指指向出球的相反方向,屈肘。然后背部、臀部依次着地。该动作易犯错误在于不敢跳或跳起后不敢向后仰体。落地以手掌撑地时,手指方向不对,容易造成肘、腕挫伤。

⑥ 脚背正面搓球过顶时,摆动腿的动作是由后向前下方用力,脚掌贴擦地面,脚尖插入球底,踢球的底部,使球由脚尖经脚面向前上方回旋而出。该动作易犯错误在于踢球时,脚尖未插进球的底部,造成击球点不准确。

(3) 脚背内侧踢球是用脚背内侧的几个楔骨、趾骨末端部位接触球的一种踢球方法。

特点:踢球腿的摆幅大,摆速快,踢球的力量大,由于助跑方向、支撑脚选位灵活性较大,出球的方向变化幅度较大。因此,可踢出平直球、远距离弧线球等,也便于转身踢球。

基本动作要领:踢定位球时,斜线助跑,助跑方向与出球方向成45°角。支撑脚以脚掌外沿积极着地,踏在球的侧后方20~25厘米处,屈膝,支撑脚脚尖指向出球方向,身体稍向支撑脚一侧倾斜。在支撑脚着地同时踢球腿以髋关节为轴,大腿带动小腿由后向前摆,当身体转向出球方向,膝盖摆到接近球的内侧正上方的刹那,小腿做爆发式前摆,脚尖稍向外转,脚面绷直,脚趾扣紧,脚尖指向斜下方,以脚背内侧踢球的后中部(踢高球时,击球的中下部),踢球腿随球继续前摆。

易犯错误:第一,支撑脚的位置偏后,踢球时上体后仰,易把球踢高。第二,踢球脚尖外转不够,接触部位不正确。第三,没有直向出球方向摆腿,形成画弧动作以致出球点偏外。

同样,脚背内侧踢定位球是初学者必须掌握的基本动作。作为提高,下面就用脚背内侧踢过顶球、踢弧线球及转身踢球动作作如下介绍。

① 脚背内侧搓踢过顶球时,动作方法基本上与踢定位球相同。只是支撑脚踏在球的侧后方,踢球脚不要过于绷直,踢球的后下部,并稍有下切的动作,使球向前上方飞起并回旋。踢球脚不随球前摆。该动作易犯错误在于踢球脚没有插进球底部,击球点不在球的后下部,使球不能产生回旋。

② 脚背内侧转身踢球时,助跑的最后倒数第二步,要稍向出球的相反方向,即向球的侧前方跨出。在助跑最后一步蹬离地面时,略微跳动,同时身体转向出球方向,支撑脚以脚掌外沿着地,脚尖指向出球方向,上体侧前倾,膝关节弯曲。在支撑脚着地的同时,踢球腿以髋关节为轴,大腿带动小腿由后向前摆。当膝盖摆到接近球的内侧上方的刹那,小腿做爆发式前摆,脚稍外转,脚面绷直,脚趾扣紧,脚尖指向斜下方,用脚背内侧部位击球的后中部,踢球腿随球继续前摆。该动作易犯错误在于支撑脚的脚尖没有指向出球方向;转身和踢球动作不连贯,在转身的同时,摆动腿没有积极跟随前摆;转身时,上体没有前倾。

③ 脚背内侧踢弧线球时,用脚背内侧踢球的后中部位。摆腿的方向不通过球心,在踢球的一刹那,踝关节用力向里转并上翘,使球成侧旋沿一定的弧线运行。该动作易犯错误在于踝关节用力过大或过小。

(4) 脚背外侧踢球,是用脚背外侧部位接触球的踢球方法。

特点:它除具备脚正面踢球的特点外,还具有踢球时脚腕灵活性较大和摆腿方向变化较多等优点,它是踢各种距离弧线球和弹拨、削球的主要方法。

基本的动作要领:踢定位球(平直球)时,助跑、支撑脚的位置和踢球腿的摆动,基本上与脚背正面踢球相同,只是用脚背外侧接触球。在踢球腿的膝盖摆到接近球的正上方的刹那,小腿做爆发式前摆时,膝盖和脚尖内转,脚面绷直,脚趾扣紧,以脚背外侧部位踢球的后中部,踢球腿随球继续前摆。

易犯的错误:

第一,踢球时,膝盖和脚尖内转不够,造成接触球部位不正确。

第二,支撑脚靠后,造成踢球时身体后仰,踢球的后下部,以致出球偏高。

脚背外侧踢定位球是初学者必须掌握的基本动作,但在比赛中,还常用脚背外侧踢弧线球或弹拨球,为了进一步了解脚背外侧踢球方法,下面就这两种踢法作如下介绍:

① 脚背外侧踢弧线球时,支撑脚踏在球的侧后方约15～20厘米处,踢球脚的脚腕用力,并以脚背外侧踢球的后中部,摆腿的方向不通过球心,并向支撑脚一侧的前方继续摆动,以加大球的旋转。该动作易犯错误在于踢球脚的脚腕用力不够,摆腿方向靠球心轴较近。

② 脚背外侧踢弹拨球时,踢球腿以膝关节为轴快速侧摆或侧前摆。击球时,踝关节快速转动将球弹出,踢球脚快速收回。运用这种踢法可将球快速弹拨到踢球脚的外侧或侧前方。

(5)脚尖踢球。是用脚尖部位接触球的踢球方法。

特点:踢球腿的摆幅大,摆速快,踢球的着力点集中,出球快而有力,但因脚尖与球的接触面小,出球的准确性较差。

基本动作要领:脚尖踢球与脚背正面踢球动作大致相同,支撑脚踏在球的侧后方。击球时,脚尖翘起,趾踝关节紧张用力并保持稳固,以脚尖击球的后中部位。

练习方法:

练习一:定位球踢目标

方法:练习者踢定位球打指定的目标(标志物、小球门、足球墙等)。

要求:踢球时要求正确完成踢球技术动作的完整过程,练习者要着重体会踢球时摆动腿的协调摆腿发力,注意触球部位和摆腿方向。

练习二:接回传球后脚背正面射门

方法:练习者位于球门前30米左右,将球传给前方15米处的接应者,然后跑上前将传球者的回传球做脚背正面射门练习。

要求:射门时注意支撑脚的适当站位,强调小腿摆动的速度。

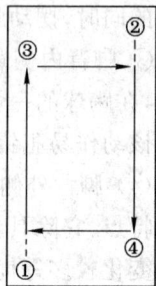

图 7-1

练习三:传球

方法:如图7-1所示,练习者①、②、③、④站成一个长20米、宽10米的长方形,按顺时针方向做各种踢球练习。①、②的传球主要练习处理侧面来球的踢球技术。

要求:调整好支撑脚的站位位置,传球要快速准确,要向目标的脚下传球。③、④的传球主要是要将球过渡好,传球要柔和,向①或②的身前传球,便于他们助跑传球。练习一段时间后注意改变传球方向和人员交换,如图7-1所示。

四、足球停球技术

（一）脚内侧停球

脚内侧停球比较容易掌握。脚接触球的面积大，易停稳，便于和下一个动作衔接。

1. 脚内侧停地滚球

支撑脚正对来球，膝关节微屈，停球腿屈膝外转并前迎。脚尖稍翘起，当脚与球接触前的一刹那开始后撤，在后撤过程中用脚内侧接触球，把球控制在衔接下一个动作需要的位置上。如果需要将球停到自己的侧后方，在停球撤到支撑脚的侧方时，再继续以髋关节外转和腿后引的动作将球引向侧后方，同时以支撑脚脚掌为轴使身体转向出球方向。

脚内侧停地滚球时还可用挡压法。当球运行到支撑脚的侧方或侧前方时，停球脚以脚内侧挡压球的后上部，同时稍下膝。挡压球的力量大小要随来球力量大小而有所增减，来球力量大，挡压力量要小些；来球缓慢，挡压力量可稍大些。当需要将球停到支撑脚外侧时，停球脚的脚尖稍向前，脚内侧挡压球侧后上部，同时脚尖里转，支撑脚以前脚掌为轴身体转向出球方向。

2. 脚内侧停反弹球

支撑脚踏在球的落点的侧前方，膝关节弯曲，上体稍前倾并向停球方向微转，同时停球脚提起，踝关节放松，用脚内侧对准球的反弹路线。当球落地反弹刚离地面时，用脚内侧推压球的中上部。如果要把球停向左侧，支撑脚应踏在球落点的左侧方，脚尖指向左侧，同时上体也向左侧前倾。

3. 脚内侧停空中球

动作要领：一种方法是根据来球的高度，将停球脚举起前迎，脚内侧对准来球路线，在脚与球接触前的刹那开始后撤。在后撤过程中，用脚内侧接触球，把球控制在衔接下一个动作需要的位置中。另一种方法是将脚提起稍高于选择的停球点，在脚与球接触前的一刹那即开始下切，在下切过程中用脚内侧切于球的侧上部，将球停在地上。

易犯错误：

（1）触球时，停球脚的踝关节过于紧张，不利于缓冲，球停得离身体过远。

（2）停地滚球时，脚离地过高，使球通过。

（3）停反弹球时，对球落地的时间判断不准，传球漏过或停不稳。

（4）停空中球时，因判断不好而举腿过早。

（二）脚掌停球

1. 脚掌停地滚球

动作要领：支撑脚站在球的侧后方，膝关节微屈，脚尖正对球，同时停球脚提起,膝关节自然弯曲,脚尖翘起高过脚跟(脚跟离地面稍低于球),踝关节放松,用脚前掌触球的中上部。

2. 脚掌停反弹球

动作要领:停反弹球时,支撑脚踏在球落点的侧后方。当球着地一刹那,用脚前掌对准球的反弹路线,触球的后上部。如需要把球停到身后时,在脚掌接触球的刹那,脚尖稍大压并做回拉,并以支撑脚为轴快速转身。

易犯错误:

(1)停球脚抬起过高,用脚掌踩球,使球漏过或停球不稳。

(2)踝关节过于紧张,停球不稳。

(3)停反弹球时,落点和落地时间判断不准确,使球漏过。

(三)脚背正面停空中球

动作要领:判断来球方向,身体重心放在支撑脚上,膝关节微屈,停球脚提起迎球,脚背正面对准来球。当脚与球接触前的刹那开始下撤,缓冲来球力量,使球落在体前需要的位置上。

易犯错误:

(1)触球时,踝关节过于紧张,球停得离身体过远。

(2)球接触脚背的后上部,缓冲不了来球力量。

(3)停球脚下撤太晚,使球不能随脚下撤。

(四)脚外侧停球

1. 脚前外侧停正面来的地滚球

动作要领:停球脚稍提起,膝关节和脚内转,以脚外侧正对来球,在支撑脚的前侧接触球的侧后方(偏支撑脚的一侧)。接触球时,要向停球脚外侧轻拨,把球停在侧前方或侧方。

2. 脚背外侧停反弹球

动作要领:面对来球,支撑腿的膝关节微屈。停球脚在支撑脚前方稍提起,脚内翻,使停球腿的小腿与地面成一定角度,踝关节放松。当球刚反弹离地面时,用脚外侧触球的侧上部,把球停在体侧。

易犯错误:

(1)停球脚的踝关节没有放松,停球不稳。

(2)对球的反弹路线判断不准,将球漏过。

(五)大腿停球

大腿停球,一般运用于弧度较大的高空下落球,或平行于大腿高度的来球。

1. 大腿停高空下落球

动作要领:对准来球,停球腿大腿抬起,以大腿中部对准下落的球,肌肉适当放松。在大腿与球接触前的刹那,大腿迅速撤引挡球,使球落于衔接下一动作的需要位置。

2. 大腿停低平球

动作要领:面对来球,停球腿以大腿中部对准来球,肌肉适当放松,屈膝稍前迎。当大腿与球接触前的刹那,快速后撤挡球,使球落在衔接下一动作的位置上。

易犯错误:

(1)停球腿过于紧张,不能较好地缓冲来球力量。

(2)停球腿下撤过迟,使球不能随腿下撤。

(六)胸部停球

胸部面积大,有弹性,位置高,能停高球和空中平直球。

1. 胸部停平直球

动作要领:准备停球时,面对来球,两脚前后开立,两臂自然张开,重心前移,挺胸迎球。当球运行到与胸部接触前的刹那,重心迅速后移,收胸、收腹挡住球,以缓冲来球力量,把球停在身前。如果要把球停向左(右)侧时,则应在接触球前的刹那向左(右)侧转体,并用同侧胸部触球。

2. 胸部停下落球

动作要领:一般高于胸部的下落球,可采用挺胸停球方法。准备停球时,面对来球,收下颌,两臂自然张开,两脚前后开立,重心落在两脚之间,两膝微屈,当球运行到与胸部接触前的刹那,两脚蹬地稍上挺,同时展腹,上体稍后仰和挺胸动作使球弹起改变运行路线然后落于体前。

易犯错误:

(1)停球时,球在空中的位置选择不准,未能用正确部位接触球。

(2)收胸停球时,收胸和收腹过晚,未能缓冲来球力量。

(3)没有收下颌。

(七)腹部停球

在快速跑动中遇到落地反弹较高的球时,为了争取时间,不降低跑的速度,可用腹部停球。

动作要领:身体正对来球前跑,当球落地反弹与腹部接触前,腹部主动前挺推球或上体前倾推压,使球落在体前衔接下一个动作需要的位置上。

易犯错误:

(1)对球的落地时间判断不准,停不到球。

(2)停球没有主动前挺推球,影响跑动速度和衔接下一个动作。

纠正方法:停球动作着重解决停球部位与球的位置关系和动作完成的方法。判断选位不正确时,应采用简化练习条件,适当缩短距离,适当减轻力量,适当减小弧度,落点可适当靠近些等方法。运用效果应从完成停球时的速度和给球的力量和身体重心位置变换时间去考虑纠正方法,以达到控制球和便于下一动作衔接。

练习方法:

练习一:在跑动中传接球

方法:四人一组一个球,①、②与③、④相距25米左右,①向前直线运球,传球给向前接应的③,然后跑到对面;③同样用脚内侧停球接①的传球后运球,将球传给向前接应的②,然后③跑到对面,以此反复练习。

练习二:空中球传接

方法:两人或三人一组相距30米左右,相互长传球。

要求:着重要求停球要有目的性,停球要为下一步控、传行动的完成打好基础,尽量减少处理球的次数,最好是第一脚停球,第二脚就传球。

练习三:脚前掌停反弹球

方法:练习者两人一组,在前进或后退中,一人抛球一人做脚前掌停反弹球练习。

要求:练习者在跑动中注意判断球的落点,将球停在自己身前,然后传球给抛球者。

练习四:脚背外侧传接球

方法:两人一组一个球相距15米左右,在练习区的中间用标志锥放两个宽2米的小门。练习时练习者①将球从其中的一个小门传给对面同伴②,②用脚背外侧停至侧方,然后将球从另一个小门再传给①。

要求:练习者将面前的标志锥模拟为防守者,停球与传球都要避开,注意停球与传球的衔接。练习的发展可以两个人同时传两个球,对停球的熟练性与准确性提出更高的要求。

练习五:胸部停球练习

方法:两名练习者一人抛球,一人练习胸部停球技术。练习的发展可以在跑动中进行,跑动包括在前进中、后退中向前或向右的移动。

要求:体会胸部对球的触感,并用胸部来迎合球的飞行路线。

五、头顶球

头顶球是用头的前额骨部分,以身体带动头部摆动击球动作完成的。

1. 前额正面顶球

前额正面坚硬平坦,触球面积大,它处于头的正前方和两眼上方,便于在顶球时观察来球周围情况,使击球准确有力。

(1)原地顶球

技术动作方法:顶球时先选好站位,使身体正对来球方向,两脚前后开立,膝关节微屈,重心在后,两眼注视来球,判断好来球的速度,做好准备工作,两腿前后开立腰部前挺,胸部上提、下颌平收、两臂自然张开,上体后倾、身体重心放在右脚上,顶球时后脚迅速蹬地,上体由后向前摆动,在即将触击球的刹那,两腿迅速用力蹬伸,以腰腹和颈部的快速摆动主动迎击来球。击球时,颈部肌肉保持紧张,两眼注视出球方向。

(2)跳起顶球

① 原地双脚起跳顶球:身体正对来球,两脚左右开立约 15～20 厘米,脚尖稍内转,膝关节微屈,上体稍前倾,两臂屈肘后伸,身体重心平均落在两脚上,两眼注视来球。起跳时,两臂由后向前上方振臂,同时弓身、提胸、收下颌、两脚积极用力蹬伸,在跳起上升过程中挺胸展腹,两臂自然张开,两眼注视来球,当跳到最高点准备顶球时,身体成背弓,当球运行到身体垂直部位前的刹那,快速收腹,折体前摆并且甩头,用前额正面将球顶出,顶球后两腿自然屈膝,屈踝落地。

② 单脚起跳顶球:可做 3～5 步助跑,在助跑过程中判断来球运行路线和起跳方向,起跳时,有利脚迅速蹬地,另一腿屈膝上摆,两臂自然上提,使身体向上跃起,成原地顶球预备姿势。顶球的动作要求与跳起顶球基本相同,落地时双脚同时落地。

③ 鱼跃顶球:在顶离体较远的平直球时,为了争取时间射门或解救门前危机,可以运用鱼跃顶球的方法。动作方法是判断好来球的路线和选择好顶球点后,以单脚或双脚蹬地,身体呈水平状态向前跃出,两臂微屈稍前伸,两眼注视来球,利用身体向前跃起的冲力,以前额骨正面顶球。顶球后,身体成背弓形,两臂屈肘前伸,两手着地,接着以胸部、腹部和大腿依次着地。

2. 前额侧面顶球

前额侧面顶球的部位是前额的两侧。这个部位虽亦坚硬,但不平坦,面积亦小,又在两眼的侧前方,顶球时摆体用力方向又与来球方向不是迎面相遇,出球力量较小。故在击球时间、出球方向方面都难与额骨正面顶球。其优点是动作突然,能变换出球方向,特别是前锋队员在门前得边锋传中球射门时威力更大。

(1)原地顶球:顶球前与出球方向同侧腿向前跨出一步,两膝微屈,身体重心放在后脚上,上体和头稍向异侧倾斜并转体约 45°,两眼斜视来球,两臂自然张开。顶球时,后脚蹬地,上体和头向出球方向迅速扭转,屈体甩头,在与出球方向同侧肩的前上方,用额骨侧面顶球。

(2)跳起顶球:一般用单脚起跳。起跳动作与前额骨正面顶球的单脚起跳动作相同。在跳起上升的过程中,上体侧屈,侧对来球。在跳到最高点顶球时,急速转体、甩头,用额骨侧面将球顶出。顶球后,两膝微屈缓和落地。

练习步骤与要求：

① 模仿动作：以个人练习为主，重点为顶球动作、时间与击球方法。

② 体会动作：2 人一组，互抛互顶。重点为摆体、甩头击球动作。

③ 基本技术动作：2～3 人一组均可，重点以动作协调、连贯、准确为主。

④ 传球、射门应结合实战，组织形式可多种多样，重点以运用效果为主。

头顶球技术错误及纠正：

1. 顶球时闭眼或球与头接触的部位不对

纠正方法：闭眼是恐惧心理和条件反射所致，可用球轻轻地触击顶球前额的部位，之后自抛体会顶球，若感觉触球部位不对，可反复练顶吊球自己体会。

2. 顶球时缩头、耸肩

纠正方法：缩头是不敢主动迎击球，可多做无球练习，着重颈部、腰、腿协调用力，之后用轻力量的抛球练习顶球。

3. 球顶不远、无力，只用颈力

纠正方法：要多练习腰腹肌力量，特别注意蹬地、收腹、甩头同时用力的练习。可坐在地上练习顶球。

4. 跳起顶球或跑动顶球时，时间掌握不好

纠正方法：多练顶挂在高空中的吊球，体会跳起时间。

5. 侧额顶球时容易顶在头的侧面

纠正方法：练习甩头顶球时，眼睛尽力往出球方向看，多练吊球，体会动作和击球部位。

六、抢截技术

抢截球技术是指运动员在规则允许的范围内，使用身体的合理部位，把对手的球夺过来或破坏掉。

常用抢截球技术的动作要领如下：

（1）正面跨步抢球：抢球者两脚前后开立，迎着运球者而站，两膝微屈，身体重心下降并置于两脚间，当运球者与抢球者间的距离缩小到一定范围（即抢球者向前跨一大步可触及球），运球者脚触球后即将落地或刚刚落地时，抢球者后脚用力蹬地并跨步向前，以脚内侧去堵截球，另一脚迅速上步，重心迅速跟上。若双方抢球脚堵住球时，抢球者应将另一脚迅速前移做支撑脚，抢球脚在不离球的情况下迅速向上提拉，使球从对手脚面滚过。

（2）侧面冲撞（合理冲撞）抢球：当与持球对手平行跑动或从侧后方追成平行跑动时，可采用侧面冲撞抢球。动作方法是：当与对手并肩跑动时，身体重心稍下降，靠近对手一侧的手臂要紧贴自己的身体。当对手靠近自己一侧的脚离

地时,用肩以下的部位冲撞对手的相应部位,使其失去平衡而离开球,抢球者同时将球控制在自己脚下继续前进。

在进行合理冲撞抢球时,若对手有准备,则防守者应掌握好时机,在即将与对手接触的一瞬间,身体向前探,将肩部沿对方胸前滑过,使对手不能与你接触却由于自身的惯性失去平衡;或是在接触的瞬间上体向后闪,使对手因惯性失去平衡,而抢球者再绕过进攻者去控制球。

(3) 正面铲球:这种方法多用于对手控球离身体较远,但抢球者尚不能在正常的姿势下抢到球,就采用扩大自身边防守面的做法,争取尽可能快地触到球。

动作要领:移动接近控球者,膝关节微屈,重心下降,在控球者触球脚触球后尚未落地时,抢球者双脚沿地面向球滑铲,并随即用手扶地做向一侧的翻滚,并尽快起身。另一种是单脚蹬地后,另一脚向前滑出,蹬地脚迅速绕髋关节摆动沿地面将球扫踢出去。

(4) 侧后面铲球:一般在持球者已经越过自己,来不及用其他方法抢球时,可采用从侧后面铲球动作。根据铲球脚的不同分为同侧脚铲球与异侧脚铲球两种。

① 同侧脚铲球:防守者在跑动中根据双方离球的距离作出判断,当对手不能立即触球时,用异侧脚用力蹬地,使身体向前方跃出,同侧腿沿地面向前滑出的同时向外摆踢(脚腕也应有向外的动作),用脚背外侧将球踢出,或脚尖将球捅出。接着向对手一侧翻转站起。

② 异侧脚铲球:防守者应根据与球的距离,同侧脚用力蹬地使身体跃出,异侧脚向前沿地面对着球滑出,用脚底将球铲出,然后小腿外侧、大腿外侧、手依次着地。或铲出球后身体向铲球腿一侧翻滚,手撑地后立即起身。

不论采用何种铲球方式,都要求动作正确、时机恰当,否则不但抢不到球,还会造成犯规和伤害。如正面铲球时,铲球脚应当是沿着地面做动作,如果离开地面铲球,就容易使对手受伤并造成犯规,又如在正面或侧后铲球时,由于时机选择不当,或时机与实施的动作配合不当,会造成未触及球而铲倒对手造成犯规或失误。另外,铲球时着地动作不正确易使抢球者受伤,应尽量减少身体与地面接触的部位。

(5) 截球:截球是利用对方队员之间传递时所采用的一种断截球动作,其主要特点是突然、快速、灵活,且与对手无身体接触。

截球包括断截球和拦截球两种,前者是指防守队员在对方之间进行传递球的刹那间突然上前,用脚内侧或其他部位将球截获;而后者则主要是破坏对方持球队员的传球,而不一定能获得球。如对手沿边线下底传中,此时防守队员距传球人距离较近,已不可能进行抢断或截获,但为了赢得时间,可采用各种方法(如铲、挡等)把传出的球破坏掉。在进行截球时,应特别注意观察持球人的意图,判断要准确,行动应突然、果断,另外还要注意不能过早暴露自己的行动。

练习方法:

(1)队员甲、乙两人相距2米站立,甲控制球,乙上步做正面脚内侧堵抢,体会上步动作及触球部位。两人轮换练习。

(2)甲、乙两队员相对站立,甲运球向乙慢速跑,乙选择好时机做正面脚内侧堵抢的动作,最好在乙触球时甲也触球,体会在活动中堵抢的动作要领。

(3)重复甲、乙两队员在练习中同时触球,抢球队员乙立即提拉球,将球拉过队员甲的脚面并控制球,体会提拉时机的掌握。

(4)两人同方向慢跑,在跑的过程中,两人可做适当的合理冲撞,体会冲撞的时机和冲撞部位及如何用力等。

(5)在两人前面5米处放一球,听哨音后同时向球跑去,选择适当的位置和时机进行合理冲撞将球控制。经过一段时间的练习后,可将静止球变为活动球,即由同伴将球沿地面抛出后,两队员同时起动追赶球,利用合理冲撞将球控制住,同时在冲撞的瞬间做身体超前和迟后的突然躲闪。

(6)一人直线运球前进,另一队员由后追赶,当返至并肩跑时,伺机实施合理冲撞。这一练习要求运球者能给予抢球者以配合,让抢球者能抢到球,速度可由慢到中速循序进行。

(7)铲球练习:一人一球,将球放在身体前方某一位置,练习者选择适当位置站立,原地蹬出做铲球练习,体会和学会铲球技术动作。逐渐过渡到对滚动的球进行铲球动作。

(8)一人直线运球,另一人由后追赶至适当位置抓住时机进行铲球,要求运球者给予适当的配合,使铲球者能在对手运球过程中体会铲球的方法。

要求:体会动作要领,抢截者要注意观察运球的情况,寻找时机,果断出脚。

第三节　足球基本战术

一、二人局部进攻配合方法

比赛中经常采用的二人局部进攻配合有传切配合、掩护配合和二过一配合。局部二人配合是整体进攻战术的基础。不论在任何一个场区,任何二名同队队员(守门员除外)都可以采用。完成二人配合的能力强弱,直接反映球队的进攻战术的质量。而二人配合的质量与队员的技术水平及其配合的默契程度密切相关。

（一）传切配合

（1）斜传直插配合:进攻队员做斜传,直接插到对方的身后空当接球,突破对方的防守,见图7-2。

（2）直传斜插配合:进攻队员直线传球,接球队员从对方防守队员的内线空当斜线插入到他身后空当接球,见图7-3。

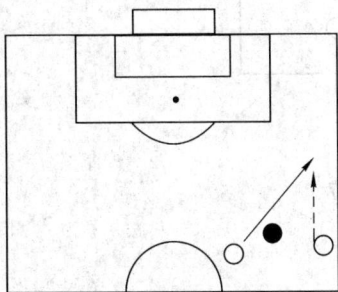

图 7-2

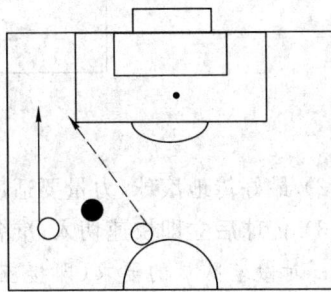

图 7-3

要求:控球队员用运球或其他动作诱使防守者上前阻截,这就为传球创造了条件。插入的队员用突然快速起动接球,但要注意起动时间,避免越位,见图7-4。

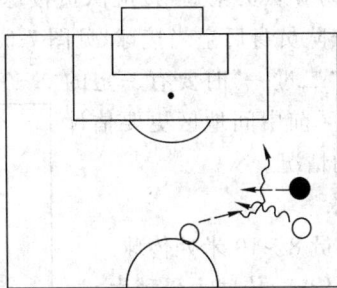

图 7-4

（二）踢墙式"二过一"配合方法

"二过一"配合是在局部地域,两名进攻队员通过两次传球越过一名防守队员的战术手段。踢墙式"二过一",进攻队员带球向前逼近后向另一队员脚下传球,该队员接球后直接将球传至防守队员背后空当,接应队员快速切入接球,见图7-5。

1. 对控球队员的要求

（1）带球逼近防守队员至2～4米处传球。

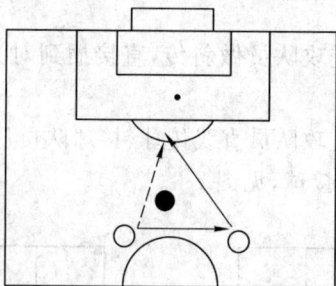

图 7-5

（2）最好传地滚球,力量要适度,球要到位。

（3）传球后立即快速切入,准备接球。

2．对做墙队员的要求（即接应队员）

（1）控球同伴带球逼近防守队员时,做墙队员要突然向侧后方摆脱防守者,并侧对进攻方向,这样有利于传球,有利于观察和应变。

（2）一次触球,力量适度;传球到位,尽量传地滚球。

（3）传球后立即跑位,寻找再次进攻的有利位置。

（四）回传反切"二过一"配合方法

进攻队员回撤迎球,防守队员紧逼,接应队员接球后再回传给进攻队员,进攻队员立即返身切入防守队员身后空当接球,见图7-6。

要求:运用回传反切"二过一"时要有一定的纵深距离,特别是在罚球区前中间地区更要估计到守门员可能出来断截的情况。

1．对控球队员的要求

（1）运球至离接球队员 8～10 米处传球。

（2）向接球队员脚下传球,传球力量稍大。

（3）接到传球后立即将球传到防守队员身后空当。

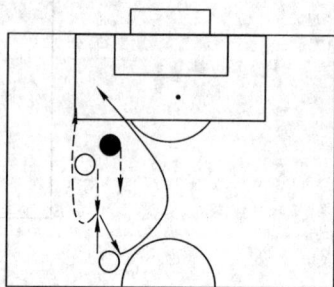

图 7-6

2．对反切队员的要求

（1）回撤接球要逼真,以引诱防守队员实施紧逼。

（2）回传的球应向接球队员脚下传球,传球力量稍大。

（3）回传后迅速转身插向防守队员身后空当。

二、三人进攻配合战术

三人进攻配合战术,一般是指在比赛中局部地域出现 3 名进攻队员攻击 2 名防守队员(三打二)的有利局面时所采用的战术手段。它与 2 人配合相比较进攻面广,传球的点与路线一般有两个以上,所以战术变化比 2 人配合要多,对防守的威胁也较大。但由于其配合是由 3 人构成,其复杂和困难程度比 2 人配合要大,因而对队员的要求也相应高些。

三人配合归纳起来大致可分为第二空当和连续"二过一"。

(1) 第二空当。一名队员跑向一个有利的空当,牵制一名防守队员,使该地域出现空当,第二个队员迅速插向该空当与控球队员利用传切配合战胜另一防守队员,见图 7-7。

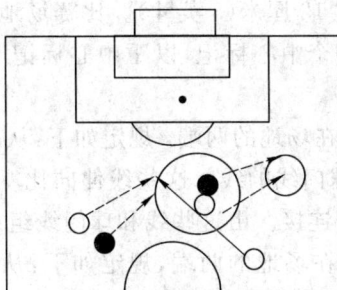

图 7-7

(2) 连续"二过一"。进行"二过一"配合时,应做到:

① 3 个队员基本是呈三角形,当 1 名队员控球时,另外 2 名队员应一拉一插或一接一插,不能重叠插和接,在时间上要有先后,见图 7-8。

② 控球者在接传球前应注意观察,便于选择最有威胁的进攻配合。

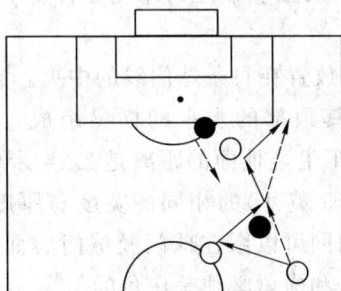

图 7-8

第四节　足球竞赛规则

一、比赛场地

(1) 比赛场地必须是长方形,边线的长度必须长于球门线的长度。长度:最短 90 米(100 码),最长 120 米(130 码);宽度:最短 45 米(50 码),最长 90 米(100 码)。国际比赛长度:最短 100 米(110 码),最长 110 米(120 码);宽度:最短 64 米(70 码),最长 75 米(80 码)。

(2) 场地标记。比赛场地是用线来标明的,这些线作为场内各个区域的边界线应包含在各个区域之内。两条较长的边界线叫边线,两条较短的线叫球门线。所有线的宽度不超过 12 厘米(5 英寸)。比赛场地被中线划分为两个半场。在场地中线的中点处做一个中心标记,以距中心标记 9.15 米(10 码)为半径画一个圆圈。

(3) 球门区。球门区在场地的两端,规定如下:从距每个球门柱内侧 5.5 米(6 码)处,画两条垂直于球门线的线。这些线伸向比赛场地内 5.5 米(6 码),与一条平行于球门线的线相连接。由这些线和球门线组成的区域范围是球门区。

(4) 罚球区。罚球区在场地的两端,规定如下:从距每个球门柱内侧 16.5 米(18 码)处,画两条垂直于球门线的线。这些线伸向比赛场地内 16.5 米(18 码),与一条平行于球门线的线相连接。由这些线和球门线组成的区域范围是罚球区。在每个罚球区内距球门柱之间等距离的中点 11 米(12 码)处设置一个罚球点。在罚球区外,以距每个罚球点 9.15 米(10 码)为半径画一段弧。

(5) 旗杆。在场地每个角上各竖一根不低于 1.5 米(5 英尺)的平顶旗杆,上系小旗一面。在中线的两端、边线以外不少于 1 米(1 码)处,也可以放置旗杆。

(6) 角球弧。在比赛场地内,以距每个角旗杆 1 米(1 码)为半径画一个四分之一圆。

(7) 球门。球门必须放置在每条球门线的中央。它们由两根距角旗杆等距离的垂直的柱子和连接其顶部的水平的横梁组成。两根柱子之间的距离是 7.32 米(8 码),从横梁的下沿至地面的距离是 2.44 米(8 英尺)。两根球门柱和横梁具有不超过 12 厘米(5 英寸)的相同的宽度与厚度。球门线与球门柱和横梁的宽度是相同的。球门网可以系在球门及球门后面的地上,并要适当地撑起以不影响守门员。球门柱和横梁必须是白色的。

二、球

足球为圆形,用皮革或其他适当的材料制成,圆周不长于 70 厘米(28 英寸)、不短于 68 厘米(27 英寸),质量在比赛开始时不多于 450 克(16 英两)、不少于 410 克(14 英两),压力在海平面上等于 0.6～1.1 个大气压力(600～1 100 克/平方厘米、8.5～15.6 磅/平方英寸)。坏球的更换:如果球在比赛过程中破裂或损坏即停止比赛,用更换的球在原球破漏时所在地点以坠球方式重新开始比赛。如果球在开球、球门球、角球、任意球、罚球点球或掷界外球等成死球时破裂或损坏,按照相应的规定重新开始比赛。在比赛中未经裁判员许可不得更换球。

三、队员人数

一场比赛应有两队参加,每队上场队员不得多于 11 名,其中必须有一名守门员。如果任何一队少于 7 人则比赛不能开始。在由国际足联、洲际联合会或国家协会主办的正式比赛中,每场比赛最多可以使用 3 名替补队员。竞赛规程应说明可以有几名替补队员被提名,从 3 名到最多不超过 7 名。在其他比赛中,可依据下列规定使用替补队员:

(1) 有关参赛队在最多替换人数上达成协议。

(2) 在比赛前通知裁判员。如果比赛开始前未通知裁判员或各参赛队未达成任何协议,则可以使用的替补队员人数不得超过 3 名。在所有的比赛中,替补队员名单必须在比赛开始前交给裁判员;未被提名的替补队员不得参加比赛。

(3) 违规/判罚。

① 如替补队员未经裁判员许可擅自进入比赛场地,裁判要停止比赛,对该替补队员予以警告并出示黄牌令其离开比赛场地,在比赛停止时球所在地点以坠球方式重新开始比赛。

② 如果队员与守门员互换位置前未得到裁判员许可,裁判可继续比赛,有关队员将在比赛成死球时被警告并出示黄牌。

③ 对于任何其他违反此规则的,有关队员将被警告并出示黄牌;如果裁判员停止比赛执行警告,由对方队员在比赛停止时球所在地点踢间接任意球重新开始比赛;队员在开球前被罚令出场,只可从被提名的替补队员中选一人替换。

四、队员装备

(1) 上场队员必需的装备是:运动上衣、短裤、护袜、护腿板和足球鞋。上场队员不得穿戴能危及其他运动员的任何物件。

(2) 护腿板必须由护袜全部包住,而且应是由适当的材料制成(橡胶、塑料、聚氨酯或其他类似的材料)。

(3) 守门员的服装颜色必须有别于其他上场队员和裁判替补守门员或其他任何队员。

(4) 替补队员进入比赛场地,即成为场上队员,同时被替换出场的队员不再是场上队员,至此替补结束。

五、裁判员

每场比赛应委派一名裁判员执行裁判任务。在他进入比赛场地时,即开始行使规则赋予他的职权。在比赛暂停或比赛成死球时出现的犯规,裁判员均有判罚权。裁判员在比赛进行中,根据比赛实际情况,诸如比赛结果等所作的判决,应为最后判决。

六、助理裁判员

每场比赛应委派两名助理裁判员,若发生下列情况,他们(由裁判员决定)应作出示意:

① 当球的整体越出比赛场地时;

② 应由哪一队踢角球、球门球或掷界外球;

③ 可以判罚处于越位位置的队员时;

④当要求替换队员时;

⑤ 当发生裁判员视线外的不正当行为或任何其他事件时;

⑥ 无论何时,当犯规发生时,助理裁判员比裁判员更接近于犯规地点(特别是这种犯规情况发生在罚球区内);

⑦ 当踢点球时,在球被踢之前守门员是否向前移动,以及球踢出后是否进门。

助理裁判员还应依据竞赛规则协助裁判员控制比赛。在特殊情况下,助理裁判员可以进入场地协助裁判员控制好 9.15 米的距离。

助理裁判员如有过分干预或不合适的表现时,裁判员可解除其职责并将报告提交有关部门。

七、比赛时间

比赛分为两个半场,每半场45分钟。特殊情况经裁判员和双方同意另定除外。任何改变比赛时间的协议(如因光线不足每半场减少到 40 分钟)必须在比赛开始之前制定,并要符合竞赛规程。

八、比赛开始和重新开始

比赛开始前,应用投币方式选定开球或场地,先挑的一方应有开球或场地的选择权,下半场开始时,两队应互换场地,并由上半场开球队的对方开球。

开球是比赛开始和重新开始的一种方式,主要用于下列情况:

① 在比赛开始时;

② 在进球得分后;

③ 在下半场比赛开始时;

④ 在决胜期两个半场开始时。

开球可以直接射门得分。

九、比赛进行及死球

下列情况比赛成死球：

① 当球不论从地面或空中全部越过球门线或边线时；

② 当比赛已被裁判员停止时。

其他所有时间均为比赛进行中，包括：

① 球从球门柱、横梁或角旗杆弹回场内；

② 球从比赛场地上的裁判员或助理裁判员身上弹回场内。

十、计胜方法

当球的整体从球门柱间及横梁下越过球门线，而此前未违反竞赛规则，即为进球得分。在比赛中进球数较多的队为胜者。如两队进球数相等或均未进球，则比赛为平局。

十一、越位

队员处于越位位置本身并不是犯规。处于越位位置的队员，在同队队员踢或触及球的一瞬间，裁判员认为其就下列情况而言"卷入"了现实比赛中时才被判为越位犯规：

① 干扰比赛；

② 干扰对方队员；

③ 利用越位位置获得利益。

如果队员直接从下列情况下接到球，则没有越位犯规：

① 球门球；

② 掷界外球；

③ 角球。

十二、任意球

任意球分为直接任意球和间接任意球两种。无论是直接任意球还是间接任意球，踢球时必须将球放定，踢球队员在球未经其他队员触及前，不得再次触球。

1. 直接任意球

① 如果直接任意球直接踢入对方球门，判为得分。

② 如果直接任意球直接踢入本方球门，判给对方踢角球。

2. 间接任意球

当裁判员判间接任意球时，应单臂上举过头，并保持这种姿势直到球踢出后被其他队员触及或成死球为止。

十三、掷界外球

掷界外球是重新开始比赛的一种方法。掷界外球不能直接进球得分。判为掷界外球：

① 当球的整体不论从地面或空中越过边线时；

② 从球越出边线处掷界外球；

③ 判给最后触球队员的对方。

十四、球门球

球门球是重新开始比赛的一种方法。球门球可以直接射入对方球门而得分。

十五、角球

角球是重新开始比赛的一种方法。角球可以直接射入对方球门而得分。当球的整体不论在地面或空中越过球门线，而最后触球者为守方队员，且根据规则第十章不是进球得分时。

附:足球考试内容、标准和方法

一、考试内容

1. 实践课:运球过杆、专项身体素质；

2. 理论课；

3. 综合评定:考勤、学习态度、参与意识、提高幅度、进取精神。

二、考试标准

1. 运球过杆:10 个杆,每个杆间隔 2 米,起点距第一个杆 3 米,球门距最后一个杆 15 米。球过第一个杆开表,球过球门线停表。射门不中扣 2 分,每漏一杆扣 1 分,漏四杆没有成绩。

2. 专项身体素质:5、10、15、20、25 米折返跑。起动开始计时,触 5 米线标志跑回起点,再由起点跑向 10 米线标志,手触标线后再跑回起点,依次下去,最后由 25 米线跑回起点停表。

三、考试方法

1. 实践课:男、女生分开考试,每人考一次,每人有两次机会,取最好成绩。

2. 理论课:根据学生完成试卷的情况评定成绩。

四、分值比例

1. 实践课:运球过杆 30 分,占 30%；

   专项身体素质 30 分,占 30%。

2. 理论课:30 分,占 30%。

3. 综合评定:10 分,占 10%。

第八章 乒乓球

第一节 乒乓球概述

一、乒乓球运动的起源

关于乒乓球运动的起源,有各种各样的传说。根据国际乒联等有关资料分析,乒乓球运动在19世纪末创始于英国,并由网球运动派生而来的说法比较可靠。传说有这样一个有趣的故事:某天,在英国首都伦敦,天气炎热,两个青年到一个上等饭馆吃饭。饭后闲聊时感到很闷热,于是就拿起雪茄烟盒的盖子扇了起来,又拿起酒瓶上的软木塞子,以当时最盛行的打网球动作,用盖子把塞子打来打去,吸引了不少食客和侍者观看,当时,大家把它叫做 Tabletennis,即"桌上网球"。很快,这项桌上游戏就流行到欧洲许多国家,并逐渐演变成乒乓球运动。

二、乒乓球运动的发展

19世纪末乒乓球首先传入德国,1902年传入日本,1904年传入中国,1905年到1910年相继传入奥地利、匈牙利逐渐遍及整个欧洲。

1926年12月初,在英国伦敦举行了第1届欧洲乒乓球锦标赛。共有来自英国、匈牙利、德国、奥地利、瑞典、威尔士、印度、捷克斯洛伐克、丹麦共9个国家的64名男女运动员参加。比赛期间召开了第一次国际乒联全体代表大会,会议通过了正式成立国际乒乓球联合会的决议和国际乒联的章程,讨论了乒乓球比赛规则,并将第1届欧洲乒乓球锦标赛设为第1届世界乒乓球锦标赛。

1988年,乒乓球被列入奥运会正式的比赛项目,此举极大地推动了世界乒乓球运动的发展,2000年10月1日起,乒乓球运动驶入"大球"航道。2002年9月1日起规则又把原来的每局21分改为11分。

从1926年首届世乒赛至1951年第18届世乒赛,在7个正式比赛项目中,先后共有117个冠军,除美国选手取得8个冠军外,其余都由欧洲选手获得,占全部锦标赛的93.1%。这一时期的主要打法是削球,欧洲选手在世界乒坛占有绝对的优势。但直到1952年,世界乒乓球技术的优势开始由欧洲的削球转为亚洲的攻球。此时期共举行了7届世乒赛(第19届至第25届),共有冠军49个。日本队独得24个,占全部锦标的49%。日本队之所以获得成功的一个最重要原因，就是勇于创新——平握海绵球拍，采用直拍全攻型打法。20 世纪 50 年代末，正当日本队处于巅峰状态时，中国快攻选手容国团在第 25 届世乒赛上，为中国夺得了第一个世界冠军。20 世纪 60 年代共举行了 5 届世乒赛，中国共获得 21 个冠军中的 11 个，占全部锦标赛的 52％。具有"快、准、狠、变"独特风格的中国近台快攻打法，把世界乒乓球运动推向了一个新的发展阶段。进入 20 世纪 70 年代，世界乒乓球技术的发展突飞猛进。欧洲选手经过了近二十年的努力，终于创出了一条新路，他们兼取中国快攻和日本弧圈球打法的优点，创造了弧圈球结合快攻和快攻结合弧圈球的两种新打法，从而走上复兴之路。而在第 26 届、27 届奥运会上，中国队又连续两次获得大满贯。中国队早已成为世界各队的目标，"中国打世界"、"世界打中国"的形势正在发展中。

三、乒乓球运动的价值

1. 培养顽强的拼搏精神

激烈的乒乓球比赛，既是比技术、比战术，更是比意志品质和拼搏精神。"人生能有几回搏"，就是对拼搏精神的真实写照，胜不骄，败不馁，永不言败，敢为人先，自强不息，这些对一个民族来说是民族的灵魂，对个人来说更是一种优秀的人格品质。

2. 促进身心健康

乒乓球运动的特点是球小、速度快、变化多。经常参加乒乓球运动能提高人的中枢神经系统的灵活性，使人反应灵敏，提高呼吸系统、血液循环系统的机能和耐久力，对调节改善人的情绪、培养良好的心理素质大有益处。

3. 促进人际间的交流

当年中国的乒乓球外交就是通过中美两国运动员间切磋球艺，增进了解与沟通，促进了国与国之间、运动员与运动员之间的交往与交流，增进了友谊，加强了联系，改善了中美关系。另外，乒乓球运动对群众身心健康起到了推动作用。

第二节　乒乓球基本技术

一、握拍法

乒乓球握拍法分直拍握法和横拍握法两种。

直拍握法的特点是正反手都用球拍的同一面击球，出手快，正手击球快速有力，打攻斜和直线球时，因受身体妨碍而不易发力，调节拍形因受握拍法的限制亦较为困难，防守照顾面较小，见图 8-1。

横拍握法的特点是正反手攻球力量大，攻球和削球时握拍的手法变化小，反手攻球容易发力，也易于拉弧圈。但正反手交替击球时，需变换击球拍面，动

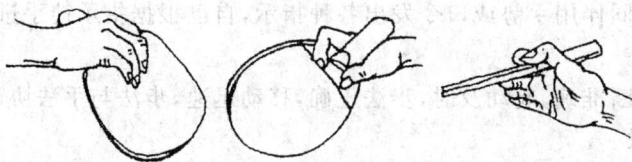

图 8-1

作偏大,影响摆臂速度,攻直线球时动作明显,易被对方识破,见图 8-2。

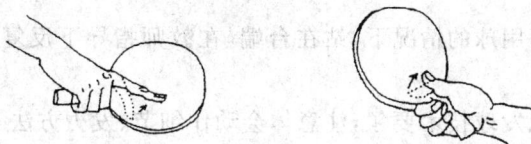

图 8-2

正反手交替击球有以下练习方法:

方法一:直握球拍,拍面向上,置于胸前。在口令指挥下,分别向上、下、左、右摆动球拍,或分别按顺时针、逆时针方向环绕手腕。

要求:握拍时切勿过深或过浅,过紧或过松。

方法二:横握球拍,拍面垂直,置于胸前,紧握球拍做手腕绕环。

要求:活动球拍时,前臂保持稳定。

二、步法

步法是乒乓球击球环节中的重要组成部分,如果运动员具有良好的步法,能够保持合适的击球位置,那么就能使击球的速度、力量、旋转得到充分的发挥,从而有利于提高击球的技术质量。

练习方法:

练习一:在左右移动中,反复进行单步移动练习,按 4～8 呼口令,右脚分别向右前、右中、右后作单步移动,左脚分别向左前、左中、左后作单步移动

要求:重心要稳,反应要快。

练习二:在左右移动中,反复进行跳步练习。按 4～8 呼口令,1～2 向右作跳步,3～4 向左作跳步移动

要求:用来球异侧方的脚前脚掌内侧用力蹬地,落地时注意膝、踝关节的缓冲。

练习三:在左右移动中,并步移动进行正手攻球挥拍练习

要求:向击球方向移动时步法幅度不宜过大,击球后注意用移动脚的前脚掌内侧蹬地,使身体还原,身体重心不要起伏过大。

练习四:同伴用手势或口令发出各种指示,自己根据指示徒手进行各种脚步移动练习。

要求:判断准确,起动及时,步法正确,移动迅速,步法与手法协调配合。

三、发球

发球是乒乓球的重要技术之一,乒乓球的练习和比赛都是从发球开始的,是一项不受对方来球制约和限制的技术,因此发球有较大的主动性,高质量的发球可以直接得分,并为进攻创造机会。

练习方法:

练习一:在不用球的情况下,站在台端,在教师指导下反复进行某种发球技术的模仿练习

要求:要熟记发球技术要领,注意体会动作细节、发力方法等技术。

练习二:抛球练习,站在台端,将球轻轻抛起,反复进行某种发球技术的模仿练习

要求:击球动作与抛球动作相互配合,加强对球体运行的时空感,注意抛球的线路,不要时高时低、时前时后、时左时右。

练习三:台下进行各种发球练习,将球发到墙壁上,观察球落地后的反弹方向

要求:弄清各种发球的触拍部位,掌握正确的发球动作和发力方法。体会各个触拍部位发球后球的变化。

练习四:台上对练,一人专练发球,一人专练接球,两人轮换练习

要求:进行多球练习,先练发斜线,再练发直线。注意抓好击球点、击球部位、触拍部位、发力方法、用力方向、第一落点等技术环节。

四、接发球

接发球是比赛中每一回合的第二板球,也是接发球方还击的第一板球,因而是一项反控制、求主动的技术,同时也是一项综合技术。它不仅要求掌握多种实用的基本技术,具备良好的判断能力和灵活多变的接发球意识,而且还必须贯彻积极主动的指导思想,把接发球与发挥自己的技术特长和战术风格联系起来。

练习方法:

练习一:发球方用单种方法发球,将球发至固定一点,接球方用一种方法回接,将球击至规定落点

要求:发球方逐步提高发球质量,接球方努力控制好回球落点和弧线。

练习二:发球方用单种方法发球,将球发至固定一点,接球方用多种方法回接,将球击至规定落点

要求:发球方逐步提高发球质量,接球方努力控制好回球落点和弧线。

练习三:发球方用单种方法发球,有规律地将球发至不同落点,接球方用多种方法回接,将球击至规定落点

要求:逐步要求发球方无规律地将球发至不同落点,接球方努力提高回球质量。

练习四:发球方用配套发球,将球发至固定一点,接球方用各种规定方法接球,将球击至规定落点

要求:接球方加强判断,果断出手,努力提高回球质量。

五、推挡

推挡稳定性大,易于掌握,学习乒乓球技术一般都由此起步入门。随着乒乓球技术的发展和弧圈球的出现,在反手快推的基础上,演变及派生出加力推、减力挡、推下旋和推挤弧圈球等多种推挡球技术。由于推挡球在速度、旋转、落点、节奏、力量的变化上比较灵活,因此称之为"积极性防御手段"。

练习方法:

练习一:站在台端,反复进行推(拨)挥拍练习,完成规定拍数

要求:击球前手腕成正常平直姿势,体会动作要领。

练习二:双方在台上进行反手斜线推挡练习

要求:逐步加快击球速度,体会前臂和手腕向前推压动作、击球时间、击球部位、拍面角度等。

练习三:一推(快拨)一攻练习

要求:攻球队员用正手,推挡运动员站在球台右 1/2 区域,正手攻球队员站在球台中间位,双方交替进行一攻一推练习。

六、攻球

攻球技术是各种类型打法选手必备的得分手段,是进攻型选手主要的技术;其特点是速度快,力量大,应用范围广,能连续进攻等。尤其是正手攻球,因不受身体的妨碍,可以发挥全身的力量,也能用不同的攻球技术对付不同的来球。因此,正手攻球的水平成为衡量运动员实力的客观依据,并决定其技术风格的形成和发展的前途。

攻球技术种类繁多,按击球位置,可划分为正手攻球、反手攻球和侧身攻球;按站位远近,可分为近台攻球、中台攻球和远台攻球;按来球性质和落点不同可分为快攻、拉攻、攻打弧圈球、台内攻球和杀高球;按击球力量不同,可分为发力攻球和借力攻球等。

练习方法:

练习一:台下徒手挥拍练习。

要求:完成规定数量,体会动作要领、动作幅度与完成动作过程。

练习二:打一板球,台上单个动作练习,规定一人发定点上旋球,一人练习正手攻球,打一球后再重新发球

要求:体会击球时腰、髋、腿的辅助力量的运用。

练习三:一推一攻练习

要求:先轻打,多打几个回合,然后再用中等力量快打。注意体会击球后的随势挥拍制动与还原。

七、搓球

搓球也称为"铲球",动作上近似削球,也称为"小削板"。搓球动作小,球速慢,前进力小,是一项过渡技术,用来回接下旋、侧下旋发球及搓球、削球等下旋来球,是比较稳健、保险的使用技术。按旋转方式区分有:慢搓、快搓、摆搓、搓侧旋、搓转与不转球 5 种。

练习方法:

练习一:自抛自打练习,自己向球台抛球,当球弹起后将球搓过网

要求:动作不宜过大,发力要集中,要多用前臂和手腕。

练习二:发下旋球,双方正手对搓斜线

要求:做到每球必动,击球到位。

练习三:发下旋球,双方反手对搓斜线

要求:注意控制好拍面角度,前臂向下发力,同时向前随势挥动。

八、弧圈球

弧圈球技术从 20 世纪 60 年代发明至今已有很大的发展,是目前世界上大多数运动员的必备技术之一,弧圈球(一种上旋非常强的进攻性技术)与攻球相比其稳健性更高,有更多的发力上手机会,使用范围更广。它把速度和旋球有机地结合起来,形成了搓拍、直拍多种弧圈球打法,其技术主要分前冲与加转两种。

练习方法

练习一:一人发出台下旋球,另一人练习拉加转弧圈球

要求:体会动作要领,向前上方摩擦发力。

练习二:一人推挡,另一人练习连续拉加转弧圈球

要求:注意推挡时机,拉弧圈球时,步伐要移动到位。

第三节　乒乓球基本战术

乒乓球的基本战术是指运动员根据自己和对手双方实力的对比,积极发挥

自己的长处,合理地运用技术,达到胜利的目的。

乒乓球战术比较复杂,根据乒乓球打法归类可分为发球抢攻战术、搓球战术、接发球战术、对攻战术等。

一、发球抢攻战术

比赛首先是从发球开始的,一定要充分利用变化多端的发球技术,达到抑制对方、先发制人、克制对方、掌握主动的目的。发球抢攻战术,在乒乓球比赛中起着很重要的作用。

练习方法:

练习一:正手发左侧上、下旋球至对方中间偏右近网处,配合发左角长球;或反之,以发长球为主,配合发短球,伺机抢攻、抢拉

要求:要力争发球直接得分,为抢攻创造机会。

练习二:反手发急上、下旋球至对方左角,配合发短球,伺机抢攻、抢推或抢拉

要求:要力争发球直接得分,球的落点要准,为抢攻创造机会。

二、搓攻战术

搓攻战术是进攻型打法的辅助战术之一,主要利用搓球旋转的变化和落点的变化为抢攻创造机会。搓攻战术也是削球型打法争取主动的主要战术之一。

练习方法:

练习一:搓转与不转球突击

要求:快慢搓转与不转球至不同落点,伺机突击两角或突击中路。

练习二:搓短逼长突击

要求:快搓加转短球,配合转与不转长球至对方反手位或突然搓正手大角,伺机突击或抢先拉起。

三、接发球战术

接发球战术是发球抢攻战术的直接对立面。接发球战术一方面要抑制、扰乱或破坏对方运用发球抢攻战术及战术意图,降低发球的质量,形成相持状态;另一方面,从被动中求主动,不仅通过过渡性接发球技术力争达到第四板抢先上手,转入对己方有利的战局,更希望瞄准机会果断地接发球抢攻,直接得分或处于明显的战术优势。接发球战术是各类型打法的选手都必须掌握,必不可少的主要战术。

练习方法:

练习一:用正手拉回接侧下旋和下旋出台长球,至对方中路或反手,控制对方发球抢攻

要求:积极树立主动思想,力争抢先进攻或力争做到反控制进入相持局面。

练习二:采用快推(快拨)回接侧上旋和急球,至对方反手

要求:以球推至对方反手为主,配合突变直线,力争主动。

四、对攻战术

是双方形成对攻局面后的战术,在主动、相持、被动三种情况下均会出现,双方用速度、力量、旋转、落点以及节奏转换的变化,相互控制或在对攻中拼实力,以争得主动,战而胜之。对攻战主要运用正、反手攻球,推挡、弧圈球与技术手段,以上旋球为主。

练习方法

练习一:推压反手大角,结合变直线

要求:充分调动对手,伺机抢攻。

练习二:调右压左,伺机抢攻

要求:先调正手,然后再压反手,使对方不能发挥近台反手和侧身攻的特长。

练习三:连续压对方中路及正手,伺机抢攻

要求:先压中路,迫使对方侧身让位回击,再变正手,然后抢攻。

第四节 乒乓球竞赛及方法

一、乒乓球竞赛

(一)合法发球

(1)发球时,球应放在不执拍手掌上,手掌张开并伸平。球应是静止的,在发球方向的端线之后,比赛台面的水平面之上。

(2)发球员用不执拍手将球几乎垂直地向上抛起,不得使球旋转,并使球在离开不执拍手的手掌之后上升不少于16厘米,球下降到被击出前不能碰到任何物体。

(3)当球从抛起的最高点下降时,发球员方可击球,使球首先触及本方台区,然后越过或绕过球网装置,再触及接发球员的后台。在双打中,球应先后触及发球员和出球员的右半区。

(4)从抛球前静止的最后一瞬间至击球时,球和球拍应在比赛台面的水平面之上。

(5)击球时,球应在发球方的端线之后,但不能超过发球员身体(手臂、头或腿除外)离端线最远的部位。

(6)运动员发球时,应让裁判员或副裁判员看清他是否按照合法发球的规

定发球。

（7）发球运动员在击球时,球与球网之间应无障碍物。

（二）合法还击

对方发球或还击后,本方运动员必须击球,使球直接越过或绕过球网装置,或触及球网装置后,再触及对方台区。

（三）重发球

回合出现下列情况应判重发球:

（1）如果发球员发出的球,在越过或绕过球网装置时,触及球网装置,此后成为合法发球或被接发球员或其他同伴阻碍。

（2）如果接发球员或接发球方未准备好时,球已发出,而且接发球员或接发球方没有企图攻球。

（3）由于发生了运动员无法控制的干扰,而使运动员未能合法发球、合法还击或遵守规则。

（4）裁判员或副裁判员暂停比赛。

（四）一分

除被判重发球的回合,下列情况运动员得一分:对方运动员未能合法发球、合法还击;在合法发球或合法还击后,对方运动员在击球前,球触及了除球网装置以外的任何东西;对方击球后,该球没有触及本方台区而越过本方端线;对方阻挡、连击;对方运动员或他穿戴的任何东西使球台移动、触及球网装置;对方运动员不执拍手触及比赛台面;双打时,对方运动员击球次序错误。

（五）发球和方位的选择

（1）选择发球和方位的权力应由抽签来决定,中签者可以选择先发或先在某一方位。

（2）当一方运动员选择先发球或先接发球,或选择了先在某一方位后,另一方运动员必须有另一个选择。

（3）在获得每2分之后,接发球方即成为发球方,以此类推,直到该局比赛结束,或者直至双方比分都达到10分或实行轮换发球法,这时,发球和接发球次序仍然不变,但每人只轮发1分球。

（4）在双打的第一局比赛中,先发球方确定第一发球员,再由先接发球方确定第一接发球员。在以后的各局比赛中,第一发球员确定后,第一接发球员应是前一局发球给他的运动员。

（5）在双打中,每次换发时,前面的接发球员应成为发球员,前面的发球员的同伴应成为接发球员。

（6）一局中首先发球的一方,在该场下一局应首先接发球。在双打决胜局中,当一方先得 5 分时,接发球方应交换发球次序。

(7)一局中,在某一方位比赛的一方,在该场下一局应换到另一方位。在决胜局中,一方先得 5 分时,双方应交换方位。

（六）一局比赛与一场比赛

在一局比赛中,先得 11 分的一方为胜。10 平后先多得 2 分的一方为胜方。一场比赛应采用 5 局 3 胜制或 7 局 4 胜制。一场比赛应连续进行,除非是经许可的间歇。

（七）竞赛比法

(1)男子团体赛。男子团体赛中每场比赛出场 3 名选手,比赛顺序为:
第一场:A—X;第二场:B—Y;第三场:C—Z;第四场:B—X。
在男子团体赛中,先胜 3 场者为胜方。

(2)女子团体赛。女子团体赛中,每场比赛每队可以上场 2～4 人,比赛顺序为:
第一场:A—X;第二场:B—Y;第三场:双打;第四场:A—Y;第五场:B—X。
双打比赛可以上场的 2～4 人中任选 2 人配对。

(3)单项比赛。采用 5 局 3 胜制或 7 局 4 胜制。

二、乒乓球比赛的方法

乒乓球比赛的常用方法主要有循环比赛和淘汰赛两种,如果把这两种方法结合运用,则叫混合制。比赛方法的选用要依据比赛的目的、场地、参加的队数（人数）等条件而定。

（一）循环赛

参加比赛的队或运动员之间轮流比赛一次,称为循环赛。这种方法能使参加比赛的各队或运动员之间都有比赛的机会,并能比较准确地决出参赛队或运动员的名次。但单循环赛的场数多,比赛时间长,需用的场地、器材多,因此参加循环赛的队伍或人数不宜过多;否则,应采用分组循环的办法来进行。

1. 循环赛轮数的计算

在循环赛中,各队或运动员普遍出场一次称为"一轮"。当参加的队数或人数为双数（偶数）时,轮数＝队(人)－1,如 6 个人进行单循环则需要 5 轮比赛;当参加的队数（或人数）为单数（奇数）时,轮数＝队(人)数,如 7 名运动员进行循环赛需要进行 7 轮比赛。不管参赛队的队(人)数是偶数还是奇数,比赛的轮数总是奇数。

2. 比赛场次的计算

比赛次（场）数的计算,可用下列公式:比赛次（场）数＝$N(N-1)/2$,N 指参赛队数。例如,7 个队参加循环赛,需进行 $7×(7-1)/2＝21$ 次比赛。计算轮数和比赛场次的意思在于:它使比赛的组织者能够在筹备比赛时,先准确无误地统计出打完全部比赛需进行的比赛轮数和场数,再根据球台数量合理安排比赛日程以及裁判人数。

3. 循环比赛顺序的确定

确定循环赛的比赛顺序,需考虑到比赛场次进行的一致性,避免连场;还应注意到每一轮比赛中强队和弱队的搭配,尽量使水平接近的队(或人)在最后一轮相遇,从而使比赛逐步形成高潮。常用的排序方法如下:

(1) 固定逆时针轮转法,即 1 号位置固定不动,其他位置按逆时针方向轮转一个位置,然后排出各轮的比赛顺序。若为 6 个队参加单循环赛,排序方法如表8-1 所示。

表 8-1

第一轮	第二轮	第三轮	第四轮	第五轮
1—6	1—5	1—4	1—3	1—2
2—5	6—4	5—3	4—2	3—6
3—4	2—3	6—2	5—6	4—5

(2) 固定顺时针轮转法。为了使实力接近的比赛在最后一轮出现,可以先确定最后一轮的比赛顺序,然后按顺时针方向轮转,倒推出前一轮的比赛顺序。以 6 个队为例,如表8-2 所示。

表 8-2

第一轮	第二轮	第三轮	第四轮	第五轮
1—4	1—6	1—5	1—3	1—2
2—6	4—5	6—3	2—5	3—4
3—5	2—3	4—2	6—4	5—6

(3) 当参赛的队(人)数为单数时,用"0"补成双数,然后用逆时针轮转排出各个轮次的比赛顺序,其中遇到"0"者,即为该场轮空。以 7 个队为例,如表8-3 所示。

表 8-3

第一轮	第二轮	第三轮	第四轮	第五轮	第六轮	第七轮
1—0	1—7	1—6	1—5	1—4	1—3	1—2
2—7	0—6	7—5	6—4	5—3	4—2	3—0
3—6	2—5	0—4	7—3	6—2	5—0	4—7
4—5	3—4	2—3	0—2	7—0	6—7	5—6

这种顺时针轮转法存在着一个较为明显的缺点,即当参加比赛的队(或人)为单数时,序号排列为 N 减 1(N 为队或人数)的队,从第四轮开始,其比赛对手在前一轮都处于"轮空"状态,使该队从第四轮比赛开始,与其对手相比,体力处于不利的状态之下,这种现象若出现在篮球、排球、足球等其他球类的项目的比赛中,其问题的严重性会更加明显。

(4)优化轮转法。这种轮转法既保持了传统轮转法的特点,又有效地克服了上文指出的缺点。仍以 7 个队(人)为例,如表 8-4 所示。

表 8-4

第一轮	第二轮	第三轮	第四轮	第五轮	第六轮	第七轮
1—0	4—0	7—0	3—0	6—0	2—0	5—0
2—7	5—3	1—6	4—2	7—5	3—1	6—4
3—6	6—2	2—5	5—1	1—4	4—7	7—3
4—5	7—1	3—4	6—7	2—3	5—6	1—2

优化轮转法的特点是:① 比赛逐轮进行,保证了各队进度的一致。② 最重要的一场比赛(1—2)不仅被排在最后一轮,而且被排在最后一场;实力最强的三个队被排在最后的三轮比赛中,使比赛后段达到高潮,并在高潮中结束。③ 除第二轮外,每一轮都有实力相当的比赛,各轮比赛的强弱搭配相当均匀。④ 对最强的"1"队来说,比赛对手的实力由弱到强,体现了对可能获得冠军的队的照顾。⑤ 轮空顺序有规律,一个队与轮空队比赛之后,下一轮就轮空,机会均等,有效地克服了传统转发的严重缺点。

4. 循环赛计算名次的方法

国际竞赛规程中规定:胜一场得 2 分,输一场得 1 分,未出场比赛或未完成比赛的场次得 0 分,小组名次根据所获得的场次分数决定;如果小组内两个或更多的队员得分相同,他们有关的名次应按他们相应之间比赛的成绩决定。首先计算他们之间获得的场次分数,再根据需要计算个人比赛场次(团体赛时)、局和分的胜负比率,直至算出名次为止。如果在任何阶段已经决定出一个或更多小组成员的名次后,其他小组成员仍然得分相同,为决定相同分数成员的名次,根据上述程序继续计算时,应将已决定出名次小组成员的比赛成绩删除。如果按照以上所规定的程序仍不能决定某些队(人)的名次时,这些队(人)的名次将由抽签来决定。

例 8-1

请计算下表所示循环赛参赛队名次：

团体赛	A	B	C	D	E	获胜分数	名次
A	×	3：0	3：0	3：0	3：1	8	1
B	0：3	×	3：1	3：1	0：3	6 3/4	4
C	0：3	1：3	×	3：1	3：1	6 3/4	3
D	0：3	1：3	1：3	×	0：3	4	5
E	1：3	3：0	1：3	3：0	×	6 3/4	2

计算步骤：

① 先计算五个队的获胜分数。

A 胜 4 次负 0 次 计 8 分 第一名

B 胜 2 次负 2 次 计 6 分

C 胜 2 次负 2 次 计 6 分

D 胜 0 次负 4 次 计 4 分

E 胜 2 次负 2 次 计 6 分

② B、C、E 三个队的获胜分数相等，均为 6 分。计算这三个队之间的相互获胜分数：

B 胜 C 负 E 计 3 分

C 胜 B 负 E 计 3 分

E 胜 B 负 C 计 3 分

③ 三个队至之间的获胜次数仍相等，需进行下一步计算：

B、C、E 三个队之间胜/负场数比率为：

$$B \begin{cases} B\ 对\ C\ 胜\ 3\ 场负\ 1\ 场，计\ \dfrac{3}{1} \\[2mm] B\ 对\ E\ 胜\ 0\ 场负\ 3\ 场，计\ \dfrac{0}{3} \end{cases} \quad \dfrac{3+0}{1+3}=\dfrac{3}{4}=0.75 \quad 第四名$$

$$C \begin{cases} C\ 对\ B\ 胜\ 1\ 场负\ 3\ 场，计\ \dfrac{1}{3} \\[2mm] C\ 对\ E\ 胜\ 3\ 场负\ 1\ 场，计\ \dfrac{3}{1} \end{cases} \quad \dfrac{1+3}{3+1}=\dfrac{4}{4}=1 \quad 第三名$$

$$E \begin{cases} E\ 对\ B\ 胜\ 3\ 场负\ 0\ 场，计\ \dfrac{3}{0} \\[2mm] E\ 对\ C\ 胜\ 1\ 场负\ 3\ 场，计\ \dfrac{1}{3} \end{cases} \quad \dfrac{3+1}{0+3}=\dfrac{4}{3}=1.33 \quad 第二名$$

例 8-2

请计算下表所示循环赛参赛队名次：

团体赛	A	B	C	D	E	F	获胜分数	名次
A	×	3∶1	3∶2	1∶3	0∶3	3∶1	8 4 2	3
B		×	2∶3	0∶3	3∶2	2∶3	6	6
C			×	3∶0	2∶3	3∶1	8 4 1	4
D				×	3∶2	1∶3	8 5 2	1
E					×	3∶1	8 5 1	2
F						×	7	5

计算步骤：

① 先计算各队获胜分数，F、B 队分别为第五、第六名。

② A、D、E 队皆为胜 3 负 2（次）均获 8 分；须计算这 4 个队之间获胜分数，A、C 均为 4 分确定为第 3、第 4 名；D、E 均为 5 分，确定为第一、第二名。

③ 分别计算出 D、E 间的获胜分数；D 胜 E 得 2 分，E 负 D 得 1 分，可知 D、E 分别为第一、第二名；A 胜 C 得 2 分，C 负 A 得 1 分，A、C 分别为第三、第四名。

5. 分组循环赛

单循环赛虽然能比较正确地排定所有参赛队（或人）的名次，但是在参赛队（或人）数较多的情况下，因比赛场次多而给比赛的组织和管理带来困难，此时可采用分组循环赛。分组循环赛最常用的编排法为"蛇行排列方法"，即按照各队实力强弱排列他们的顺序号（通常是按照上届比赛的名次排列）。顺序号越小，实力越强；反之，实力越弱。分组时要求各组实力平均，即每个组的顺序号相加都相等。

例如，16 队分成四组

第一组：1 8 9 16 （34）

第二组：2 7 10 15 （34）

第三组：3 6 11 14 （34）

第四组：4 5 12 13 （34）

有的球类项目则在"蛇行排列"的基础上，将种子队与非种子队按分批抽签的方法来进行分组，即 1～4 号队（种子队）固定在 1～4 组或用抽签的方法进入 1～4 组，然后 5～8 号、9～12 号、13～16 号分别抽签进入 1～4 组。但分组循环后，还应增加第二阶段的比赛，以排出全部名次。常用的方法有两种：

（1）各组同名次比赛。如第一阶段分别为四组进行小组循环，第二阶段比赛各小组的第一名为一个组进行单循环赛，决出第一至第四名；各小组的第二名为一组,决出五至八名,以此类推。

（2）交叉比赛。如图 8-3 所示,第一阶段分成两个组进行循环赛,第二阶段由每个组的前两名进行交叉比赛,决出冠亚军及其他名次。

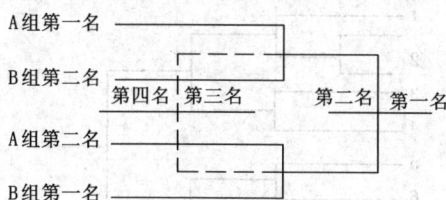

图 8-3

采用此法,由各组这样的三、四名交叉决出第五至八名;各组五、六名交叉决出第九至十二名,以此类推。

（二）淘汰赛

参加比赛的队（或人）按照编排秩序进行比赛,胜者进入下一轮比赛,负者被淘汰,直到决出冠军,称为淘汰赛。淘汰赛的场次相对较少,有利于在较短的时间内、在较多的选手中决出名次。但这种方法合理性差,不完整性和机遇性强,须采取一些措施来克服这些缺陷,才能在实际应用中发挥它的作用。

1. 位置数的选择

淘汰赛第一轮的位置应选 2 的幂。比赛常用的位置数是:$2^3 = 8, 2^4 = 16, 2^5 = 32, 2^6 = 64, 2^7 = 128$。

2. 轮数和比赛场数的计算

（1）轮数。所用位置数的指数即为轮数,2 的几次方即为几轮。

（2）场数。参加比赛的人数－1＝场数（只决定出冠亚军）。

例如,32 人参加淘汰赛,要打 5 轮 31 场比赛才能决出冠军。

3. 轮空

如果位置数多于已接纳的报名数,第一轮应设置足够的轮空位置以补足位置数目。没有运动员的位置称为轮空位置。

（1）轮空数。轮空数＝位置数－报名人数。

例如,30 人参加淘汰比赛,选用 32 个位置数,轮空数为 32－30＝2。

（2）轮空位置。轮空位置在第一轮中应尽可能均匀地分布在各个区内。在种子和非种子之间,种子运动员优先轮空;在种子队员之间,种子序号在前的运动员优先轮空（可查轮空位置表确定）。轮空是有规律的,如果有 1 个轮空,则必定在上半区;如果有 2 个轮空,上、下半区各 1 个,如果有 3 个轮空,则上半区 1

个,下半区 2 个;如果 5 个轮空,则上半区 3 个,下半区 2 个;如果有 7 个轮空,则上半区 3 个,下半区 4 个;依此类推。

4. 预选赛(抢号)

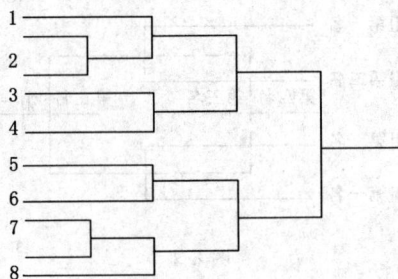

图 8-4

如果位置数少于已接纳的报名人数,应举行预选赛,使预选赛出线人员和免于参加预选赛的人数的综合等于所需的位置数。通过预选赛的选手应按情况尽可能抽入相应的上下半区、各 1/4、1/8 区或 1/16 区。预选赛在同一位置上的,先进行一场比赛,胜者进入该号(即抢号)。预选赛位置和轮空位置一致,"抢号"也算一轮。

例 1:10 人参加单淘汰赛,须打 4 轮 9 场比赛,比赛秩序编排如图 8-4 所示。

例 2:20 人参加单淘汰赛,选用 16 个位置数,比赛秩序编排如图 8-5 所示。

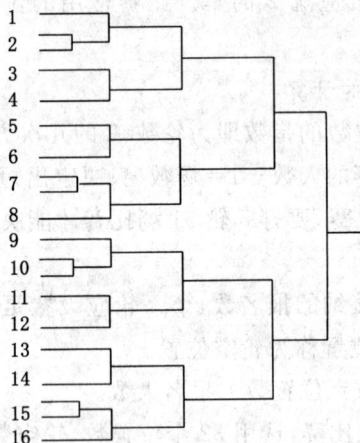

图 8-5

5. 种子

(1)设立种子的作用。采用设立种子的方法是为了克服淘汰赛的不合理性。排名在前的选手应被列为种子,以便在比赛进行到较后轮次时相遇。

(2)排列种子的原则。在团体淘汰赛中,每一协会汇总排名最高的队才有资格被列为种子。排列种子应按国际乒联最新公布的排名表为准。但如果符合种子条件的报名选手(队)均来自同一洲联合会下属的协会,应优先考虑该联合会最新公布的排名表;如果符合种子条件的报名选手均来自同一协会,应优先考虑该协会最新公布的排名表。在基层比赛中,经常每个队各设1名种子,或通过抽签来确定种子。总之,各种比赛的水平层次不同,条件不同,在设立种子时,应根据实际情况,遵循原则,尽量做到基本合理。

(3)种子的数目。种子的数目主要是根据参加比赛的人数多少来确定的。种子数不得超过该次比赛第一轮的选手数,一般情况下,6~12名选手设1名种子;同时,种子数应尽可能是2的倍数,如4名、8名、16名等。

(4)种子的位置。种子的位置根据规定应作如下安排:第1号种子应安排在上半区的顶部;第2号种子应安排在下半区的底部;第3、第4号种子应分别插入上半区底部和下半区的顶部;第5至第8号种子应分别抽入单数1/4的底部和双数1/4区的顶部;第9至第16号种子应抽入单数1/8区的底部和双数1/8区的顶部;第17至第32号种子应抽入单数1/16区的底部和双数1/16区的顶部,依此类推(种子号码位置可查种子位置表)。事实上,淘汰赛的种子都均匀地分布在各个"区"。

所谓"区",就是淘汰赛所用的全部位置划分成的若干相等的部分。例如,32个号码位置,1~16号为上半区,17~32号为下半区,上下半区又称为1/2区。在上下区中,又各划分成相同的两部分,称为1/4区;每个1/4区又可划分成相同的两部分,称为1/8区。如设4名种子,应该分别抽入4个不同的1/4区;如设8名种子,应该分别抽入8个不同的1/8区。

例如,采用64个位置,设8名种子,其种子位置如图8-6所示(有 * 号者为种子)。

从图8-6可以看出,第1号种子在位置数1,第2号种子在位置数64,第3、4号种子在位置数33、32(采用抽签定位),第5至8号种子在位置数17、48、49、16(采用抽签定位)。

同时,规则还规定:来自同一协会(单位)的报名选手应尽可能合理分开,使他们在比赛进行到较后的轮次时相遇;各协会应按技术水平由强至弱排列其报名运动员和双打配对的顺序,并应与种子排名表的顺序一致。排列为第1和第2号的选手应被抽入不同的半区,第3和第4号选手应被抽入没有本协会第1和第2号选手所在的另外两个1/4区;排名第5至第8号的选手,应尽可能均匀地抽入没有前四号选手的1/8区,依此类推。

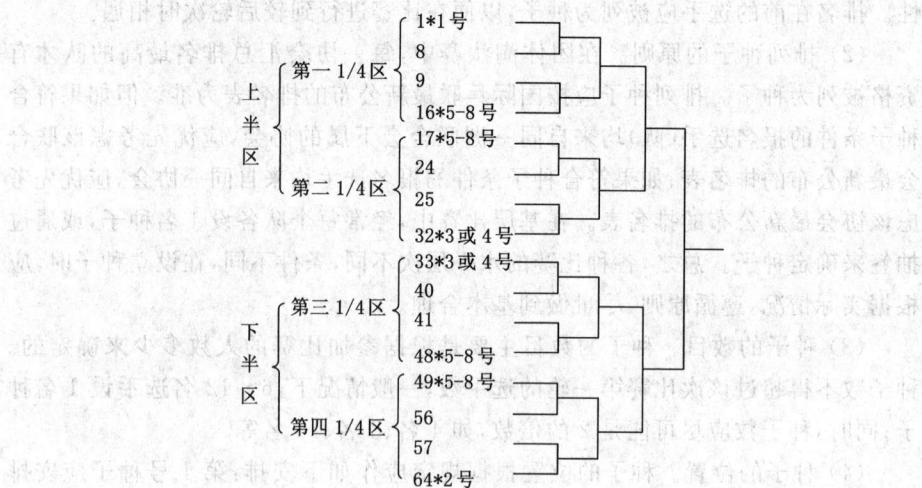

```
                              1*1号 ┐
                   第一1/4区   8    ┘─┐
              上              9    ┐ │─┐
              半             16*5-8号┘─┘ │─┐
              区             17*5-8号┐─┐ │   │
                   第二1/4区  24   ┘ │─┘   │─┐
                             25   ┐─┘      │ │
                             32*3或4号┘      │ │─┐
                             33*3或4号┐      │ │ │
                   第三1/4区  40   ┘─┐   ┌─┘ │ │
              下              41   ┐ │─┐ │   │ │
              半             48*5-8号┘─┘ │─┘   │ │
              区             49*5-8号┐─┐ │     │ │
                   第四1/4区  56   ┘ │─┘       │─┘
                             57   ┐─┘
                             64*2号┘
```

图 8-6

种子、轮空位置表,见图 8-7。

```
种子位置顺序 ─────→

轮空位置顺序 ─ ─ ─ ▷
```

1	128	65	64	33	96	97	32	17	112	81	48	49	80	113	16	9	120	73	56	41	88	105	24	25	104	89	40	57	72	121	8
2	127	66	63	34	95	98	31	18	111	82	47	50	79	114	15	10	119	74	55	42	87	106	23	26	103	90	39	58	71	122	7
3	126	67	62	35	94	99	30	19	110	83	46	51	78	116	13	11	118	75	54	43	86	107	22	27	102	91	38	59	70	123	6
4	125	68	61	36	93	100	29	20	109	84	45	52	77	116	13	12	117	76	53	44	85	108	21	28	101	92	37	60	69	124	5

图 8-7

查表方法:根据参加比赛的人(队)数,选择最接近的较大的 2 的乘方数作为位置数,按种子数目和轮空数目,依次从左向右摘出小于比赛位置数的号码,实线为种子位置;虚线为轮空位置。

如选用 128 个位置数,设有 32 名种子,种子位置依次应是:1 128 65 64 33 96 97 32 17 112 81 48 49 80 113 16 9 120……121 8;如有 16 个轮空,轮空位置应是:2 127 66 63 34 95 98 31 18 111 82 47 50 79 114 15。如选用 64 个位置数,设 16 名种子,种子位置依次是:1 64 33 32 17 48 49 16 9 56 41 24 25 40 57 8;如有 8 个轮空,轮空位置应是:2 63 34 31 18 47 50 15。

6. 附加赛

淘汰赛只能决出冠亚军,而在进入前八名的比赛中,会有 2 个并列第三名,4 个并列第五名,如果用附加赛的办法即可排出前八名的顺序。如图 8-8 所示。

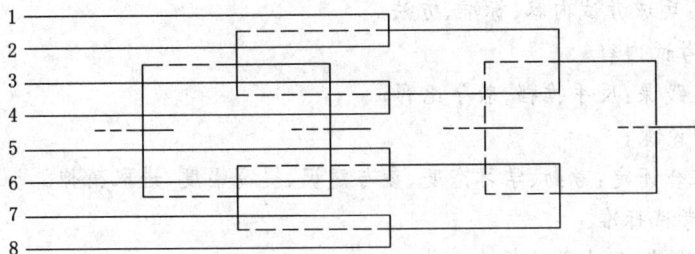

图 8-8

　　采用附加赛排出前八名的顺序,需增加 5 场比赛,若只取前六名,则需增加 4 场比赛。

　　(三) 混合制

　　混合制即循环和淘汰相结合的比赛方法。

　　1. 先循环后淘汰

　　将比赛分成两个阶段,第一阶段将参加比赛的队(人)分成若干小组循环;第二阶段由各小组的若干名或各组的同名次运动员进行淘汰赛,决出部分或者全部名次。

　　例如,世界杯男子和女子单打比赛,有 16 名选手参加。比赛的第一阶段,参赛选手被平均分成 4 个组,进行小组循环。小组的前两名进入第二阶段的淘汰赛。A 组和 B 组的第一名将被放在 1 号位和 8 号位,C 组和 D 组的第一名被抽入 4 号和 5 号位;各组的第二名将被抽到和同组第一名不同半区的剩余位置,如图 8-9 所示。

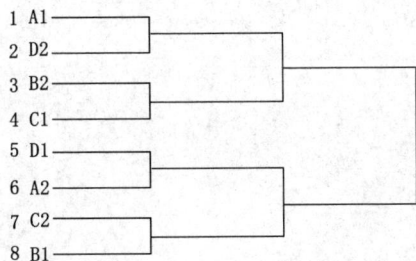

图 8-9

　　2. 先淘汰后循环

　　先用淘汰赛的方法,将大多数选手淘汰,最后剩下少数优秀选手进行循环赛。例如,128 名选手先进行 4 轮淘汰赛,然后剩下的 8 名选手再进行循环赛。

附:乒乓球考试内容、标准、方法

一、考试内容

1. 实践课:反手推挡、教学比赛;

2. 理论课;

3. 综合评定:考勤、学习态度、参与意识、提高幅度、进取精神。

二、考试标准

反手推挡:每人两次机会;

达标:30个满分,共15分;

技评:15分;

教学比赛:在符合竞赛规则的情况下,能够合理运用所学的各项技术、战术,并能体现出自己的打法特色,30分。

三、考试方法

1. 实践课:反手推挡:两人一组,自由选择陪考队员。

　　　　　教学比赛:男、女生分开考试。两人一组自由结合。

2. 理论课:根据学生完成试卷的情况评定成绩。

四、分值比例

1. 实践课:反手推挡30分,占30%;

　　　　　教学比赛30分,占30%。

2. 理论课:30分,占30%。

3. 综合评定:10分,占10%。

第九章　羽　毛　球

第一节　羽毛球概述

羽毛球运动是深受广大群众喜爱的小型球类运动。由于它的运动器材简便,不受场地限制,两把拍子一个球,无论有网无网,无论室内室外,只要有一小块空地,就能进行活动和锻炼。羽毛球运动有其特有的风格,它一方面是一项技巧性很强的竞技性比赛项目;另一方面,它是一项普及性很强、老少皆宜的活动,既能强身健体,又充满乐趣。

一、羽毛球运动的起源

大量资料证明,现代羽毛球运动起源于英国,据说 1860 年在英格兰格拉斯哥郡的倍明顿庄园举行的宴会上,由于下雨,客人们只能待在室内,有几个从印度回来的退役军官就向大家介绍了一种隔网用拍子来回击打毽球的游戏,人们对此产生了很大的兴趣。后来人们就以倍明顿(Badminton)作为此项运动的名称。1893 年英国成立了羽毛球协会,1899 年举行了第一届全英羽毛球锦标赛,此后羽毛球运动就传到了世界各地。

二、我国羽毛球运动的发展概况

现代羽毛球运动约于 1910 年传入我国,最早在上海,随后在广州、天津、北京、成都等城市的基督教青年会和学校中有所开展。新中国成立后,党和政府十分关心人民群众的健康,体育运动得到了蓬勃的发展,羽毛球运动也逐渐为群众所喜爱,并成为我国重点开展的项目之一。1953 年在天津首次举办了全国比赛,当时只有 5 个队 19 名选手参加。

1954 年,一批报效祖国的赤子回国,带回了先进的羽毛球技术,同时组建了国家集训队,继而我国在东南沿海几个主要大城市也成立了以归国华侨青年为骨干的羽毛球队。在"破除迷信,解放思想,走自己的路"的思想的指导下,我国羽毛球运动员总结国内外羽毛球运动的经验教训和技术资料,结合自己的运动实践进行了探索,不断改进训练方法。其中,福建省运动队主要在技术的手法上、广东队主要在步法上进行了改革和突破。同时借鉴我国乒乓球运动的成功经验,并通过对多年训练和比赛实践经验的总结,提出了"以我为主,以快为主,以攻为主"的积极打法。后来,又经过不断的总结和完善,逐步形成了中国羽毛球运动所特有的"快、狠、准、活"技术风格。我国运动员怀着勇攀世界羽坛技术高峰、为国争光的雄心,吸取了国外的一些先进的运动训练方法,勤学苦练,自觉地贯彻了"从难、从严、从实战出发,进行大运动量训练"的"三从一大"训练方针,技术水平得到了进一步的提高。

但由于当时政治上的原因,我国未参加世界锦标赛。但是在国际相互的交往中,多次与当时的世界强队进行过较量,都取得了优异的成绩,被许多外电、报誉为"无冕之王"、"冠军之冠军"等。直到1981年5月,国际羽联重新恢复我国在国际羽联的合法席位,实现了我国运动员的夙愿——逐鹿世界羽坛,争夺世界桂冠,为国争光。

1981年7月,在第1届世界运动会上(美国洛杉矶),我国运动员陈昌杰、孙志安、姚喜明、刘霞和张爱玲夺取了男女单、双打的四项冠军。1982年,我国第一次参加了全英羽毛球比赛,张爱玲夺得女子单打冠军,徐蓉/吴健秋夺得女子双打冠军,李劲勇夺得男子单打冠军。同年,中国队第一次参加"汤姆斯杯"赛,在第一天1:3非常不利的情况下,奋力拼搏,最终以5:4击败羽坛劲旅印度尼西亚队,夺得冠军。1984年,在马来西亚的吉隆坡,我国羽毛球女队又夺得了第10届"尤伯杯"。

紧随其后,我国又涌现出了杨阳、赵剑华、熊国宝、李永波、田秉义和林瑛、吴迪茜、李玲蔚、韩爱萍等一批世界羽坛顶尖高手,进一步奠定了我国羽毛球技术水平处于世界羽坛领先地位的基础,在一系列世界大赛中为祖国夺得了众多的金牌,创造了中国羽毛球历史上的辉煌时期。进入20世纪90年代,随着杨阳、赵剑华、李玲蔚等一批优秀运动员的相继退役,我国暂时出现了一段青黄不接的时期,而印度尼西亚经过多年的励精图治,涌现了一批以阿迪、王莲香为代表的新秀,欧洲各国的羽毛球队也重新崛起,韩国队、马来西亚队也时有新人涌现,世界羽坛进入了群雄抗衡的时代。

在巴塞罗那奥运会上,我国羽毛球项目与金牌无缘,直到1995年才逐渐步出低谷,首次夺得"苏迪曼杯"。1996年,在亚特兰大奥运会上,葛菲/顾俊勇夺女双冠军,实现了我国羽毛球项目在奥运会上零的突破。1997年,我国运动员再次夺得"苏迪曼杯",同时在世界锦标赛上获得了女单、女双和混双三块金牌,开始步入再铸辉煌的历程。

三、羽毛球运动的重大赛事

现在羽毛球运动已在世界各地广泛开展,每年都有一些重大的羽毛球比赛,目前由国际羽联主办的世界重大羽毛球赛有以下几种。

1. "汤姆斯杯"赛

"汤姆斯杯"赛即世界男子团体羽毛球锦标赛,1948年举行第一届比赛,现为两年一届,在偶数年举行。比赛由三场单打,两场双打组成。历史上夺得"汤姆斯杯"冠军最多的国家是印度尼西亚队,共11次。

2. "尤伯杯"赛

"尤伯杯"赛即世界女子团体羽毛球锦标赛,1956年开始举行第一届比赛,两年一届,在偶数年举行。比赛由三场单打,两场双打组成。历史上夺得"尤伯杯"冠军最多的国家是中国队,共11次。

3. 世界羽毛球锦标赛

世界羽毛球锦标赛即世界羽毛球单项锦标赛,设有男女单打、双打和混合双打五个比赛项目。1977年起开始为三年一届,1983年起改为两年一届,在奇数年进行。

4. "苏迪曼杯"赛

"苏迪曼杯"即世界羽毛球混合团体比赛。1989年开始举办,两年一届,在奇数年举行,比赛由男女单打、男女双打组成。

5. 世界杯羽毛球赛

世界杯羽毛球赛属于邀请性比赛,由国际羽联邀请当年成绩优异的选手参加。创办于1981年,1997年国际羽联决定从1998年起改为主办有世界顶尖级选手参加的明星赛,并准备尝试奖金丰厚的羽毛球大满贯赛事。

6. 全英羽毛球锦标赛

全英羽毛球锦标赛由英格兰羽毛球协会于1899年创办,是世界历史上最悠久的羽毛球赛事。最初由英国和英联邦国家选手参加,现在已成为全球性的羽坛大会战。

7. 国际系列大奖赛

国际系列大奖赛是国际羽联参照世界网球大奖赛办法组织的,始于1983年,比赛分成若干区,由许多比赛组织成系列。根据运动员在各次比赛中的成绩积分进行排名,前16名进行总决赛。

第二节　羽毛球基本技术

羽毛球基本技术是初学者必须要掌握的基本功,是达到得心应手的唯一途径。羽毛球基本技术包括握拍、发球、接发球、击球和步法五个方面,现介绍发球、接发球和击球三个方面。

一、发球技术

发球技术的好与坏,直接影响到比赛的胜负,所以发球是很重要的基本技术。

发球有正手发球和反手发球两种。按球在空中飞行的线路又可以分为高远球、平高球、平快球和网前球等。

动作方法:单打发球在中线附近,站在离前发球线约1米左右。双打发球站位可靠近前发球线,身体左肩侧对球网,左脚在前,右脚在后,重心在右脚上,右手持拍向右后侧举起,肘部放松微曲,左手拇指、食指和中指夹住球,举在胸腹间。发球时,身体重心由右脚移至左脚。

用正手发球,不论是发何种弧线的球,其发球前的姿势都应该一致,这样就会给对方的接发球造成判断上的困难。

1. 正手发高远球

运行轨迹又高又远,下落时与地面垂直,落点在对方场区底线附近的球叫高远球。发球时,左手把球举在身体的右前方并自然放下,使球下落,右手同时持拍由大臂带动小臂,从右后方沿着身体向前并向左上方挥动。当球落到右手臂向前下方伸直能触到球的一刹那,握紧球拍,并利用手腕的力量向前上方发力击球。击球之后,球拍顺势向左上方挥动缓冲。

单打比赛时,常采用这种发球迫使对方退到最远的底线去接发球。如果发出的高远球质量好,就可在一定程度上限制对方一些进攻技术的发挥,使对方在接高远球时不容易马上组织进攻。在对方体力不支时,发高远球也可以使对方消耗更多的体力。

练习方法:

练习一:徒手挥拍练习

方法:练习者左肩侧对前方,两脚分开,与肩同宽,左脚在前,脚尖向前,右脚在后,脚尖稍向右侧,重心放在右脚上。准备发球时,右手持拍向右后侧举起,肘部微曲,左手虚拟持球,举在腹部右前方。练习时,左手先放球,在左手放开球时,右手上臂带动前臂,自右后方随转体向左前方挥拍,重心同时前移;当球拍挥至右前下方球的下落处时,前臂由下向前上方挥动并急速内旋,带动手腕由伸展至微曲,闪动手腕,紧握球拍击球;击球后持拍臂随动作惯性自然向左上方挥动。

要求:击球点不要靠近身体或离得太远;握拍不要太紧,否则力量发挥不出;发球后,球拍顺势向左上方挥动缓冲。

练习二:击固定球练习

方法:将一羽毛球用绳子吊起来,球的高度约离地面30～40厘米,练习者站在球的左后方,保持练习者的球拍在右前方可击中球。

要求:练习者用正确的发球动作挥拍,击球后继续做随挥动作。

2. 正手发平高球

平高球是一种比高远球低、速度较高远球快、具有一定攻击性的球。发球前准备姿势同发高远球。发球的动作过程大致同发高远球,只是在击球的一刹那,小臂加速带动手腕向前上方挥动,拍面要向前上方倾斜,以向前用力为主。发平高球时要注意发出球的弧线以对方接球时伸拍打不着球的高度为宜,并应发到对方场区底线。

练习一:徒手挥拍练习

方法:练习者左肩侧对前方,两脚分开,与肩同宽,左脚在前,脚尖向前,右脚在后,脚尖稍向右侧,重心放在右脚上。准备发球时,右手持拍向右后侧举起,肘部微曲,左手虚拟持球,举在腹部右前方。练习时,左手先放球,在左手放开球时,右手上臂带动前臂,自右后方随转体向左前方挥拍,重心同时前移;当球拍挥至右前下方球的下落处时,小臂加速带动手腕向前上方挥动,拍面要向前上方倾斜,以向前用力为主,击球后持拍臂随动作惯性自然向左上方挥动。

要求:手臂自然伸直,不要提肩、曲肘,全身协调用力。

练习二:完整发球练习

方法:站在发球线后1米左右,场区中线附近,运用正确的正手发平高球动作,向对角线场区发球。

要求:掌握正确的发球动作,在发好球的基础上,提高发球质量,控制发球的落点。

3. 正手发平快球

平快球比平高球的弧线还要低、速度还要快。在对方是反应较慢、站位较前、动作幅度较大的对手或初学者时,效果往往很好。

动作要领:准备姿势同发高远球。站位比发平高球稍后些,充分利用前臂带动手腕爆发力向前方用力,球直接从对方的肩稍上高度越过,直攻对方后场。

练习一:徒手挥拍练习

方法:采用正手发平快球的动作,练习时先分解练习,再完整练习。

要求:发平快球出手的动作要小而快,不要过手、过腰。

练习二:完整发球练习

方法:站在发球线后1米左右,场区中线附近,运用正确的正手发平快球动作,向对角线场区发球。

要求:注意发球的弧度要低(比对方的肩稍高一点),动作要快。

4. 正手发网前球

发网前球是在双打中主要采用的发球技术。单打比赛时,如发高球,怕遭到对方球速较快的直接攻击,或为了主动改变发球方式借以调动对方时采用。

动作要求:准备姿势同发高远球。击球时,握拍要放松,大臂动作要小,主要靠小臂带动手腕向前切送,用力要轻。发网前球时手腕不能有上挑动作,落点要在前发球线附近,发出的球要贴网而过。

练习方法:

练习一:轻击球练习

方法:在正手发高远球的动作基础上,减小挥拍的动作幅度,主要靠前臂和手腕带动挥拍,击球力量减弱,击球后,控制拍子继续挥动。

要求:击球时,握拍保持放松,利用手腕和手指的力量击球。

练习二:限高、限远发球练习

方法:在球网上方 30 厘米拉一条标志线,在对方前发球线后 50～60 厘米处也放一条标志线,练习将球发在指定的范围内。

要求:尽量降低球的飞行弧线,使球贴网而过并落在对方发球区内。

5. 反手发球

发球时站在前发球线后 10～50 厘米及发球区中线的附近,面向球网,两脚前后站立(左脚或右脚在前均可),上体稍前倾,身体重心在前脚上。右手反手握拍,左手拇指、食指和中指捏住球的两三根羽毛,球托明显朝下,球体与拍面平行或球托对准拍面放在拍面前方。

动作要求:小臂带动手腕朝前横切推送。发网前球时,用力要轻,主要靠"切"送;发平快球时,发力要突然,击球时拍面要有"反压"动作。

练习方法:

练习一:完整反手发球练习

方法:体会反手发球的动作要领,一人多次练习,逐步提高发球质量。

要求:击球时保持拍面垂直或斜切球托。

练习二:限高、限远发球练习

方法:在对方前发球线后 50 厘米左右放一条标志线,练习尽量使球贴网并落在标志线以内。

要求:在不"过腰"的基础上,尽量提高击球点,降低球的弧线。

二、接发球

接发球与发球同等重要,它们是一对矛盾体,掌握好接发球技术是克敌制胜的重要环节。不论是单打还是双打,接发球时都应选择一个合理的接发球站位,一般而言,单打的接发球站位离前发球线约 1.5 米处,在右发球区应站在靠中线的位置,在左发球区则站在中间稍偏边线的位置,主要防备对方发球攻击反手部位。双打接发球时站位可靠近前发球线,因双打的后发球线距前发球线比单打短 0.76 米,发高远球易被扣杀。所以,双打接发球应主要注意发网前球。

三、击球技术

击球技术依据动作特点,一般可分为:后场高手击球技术、前场网上击球技术、低手击球术、中场平击球技术。

1. 后场高手击球

后场高手击球在尽可能高的击球点上,还击对方向底线附近击来的高球。它具有主动性强、击球力量大等特点,可给对方造成较大的威胁,是初学者首先必须学好的技术。

(1)正手击高远球:首先判断来球的方向和落点,侧身后退使球在自己右肩稍前上方的位置,左肩对网,左脚在前,右脚在后,重心在右脚上,左臂曲肘,左手自然高举,右手持拍,大小臂自然弯曲,将球拍举在右肩上方,两眼注视来球。击球时,由准备动作开始,大臂后引,随之关节上提明显高于肩部,将球拍后引至头后,自然伸腕,然后在后脚蹬地、转体和腰腹的协调用力下,以肩为轴,大臂带动小臂快速向前上方甩动手腕,在手臂伸直的最高点击球。击球后,持拍手臂顺惯性往前下方挥动并收拍至体前。与此同时,左脚后撤,右脚向前迈出,身体重心由后脚移到前脚。

正手击高远球可以用不起跳或起跳进行击球。后者是为了争取高点击球,以赢得时间上的主动,但对步法技术和体力要求较高。因此,初学者一般先学不起跳正手击高远,待熟练掌握后,再根据自己的特点和场上的情况综合运用这两种击球方式。

(2)反手击高远球:当对方将球击到本方左后场内,以反手将球击回对方底线去的高远球击球法称为反手击高远球。它的特点是节省体力,对步法要求也不高,在被动情况下,可采用反手击高远球过渡,帮助自己调整站位。

动作要求:首先判断准对方来球的方向和落点,迅速将身体转向左后方,步法到位后,右脚前交叉跨到左侧底线,背对网,身体重心在右脚上,使球在身体的右肩上方。击球前,由正手握拍迅速换为反手握拍,并持拍于胸前,拍面朝上。击球时,以大臂带动小臂,通过手腕的闪动自上而下地甩臂将球击出。在最后用力时,要注意拇指的侧压力与甩腕的配合,同时还要利用两腿的蹬地、转体等协调全身用力。

(3)头顶击高远球:在自己的左后场区,用正手在头顶中间部位或在左肩上方将来球击到对方底线的高远球击球法称为头顶击高远球。

动作要求:击球前的准备姿势以及击球动作同正手击高远球基本一致,不同的是头顶击高远球的击球点在左肩上方。准备击球时,侧身稍左后仰。击球时,大臂带动小臂使球绕过头顶,从左上方向前加速挥动,在用力击球时,注意发挥手腕的爆发力和充分利用蹬地以及收腹的力量。击球后,左脚在身后着地并立即回蹬,同时右脚前移,重心移至右脚。

击高远球练习方法:

练习一:击固定球练习

方法:用线将球吊在练习者右肩正上方,高度以练习者伸直手臂球拍能击到球为准,练习者按动作要领挥拍击球。

要求:练习者一定要伸直手臂,以最高点击球。以肩为轴,通过大臂带动前臂,最后"闪"动手腕击球。

练习二:击固定线路球练习

方法:给练习者"喂球",让球落在练习者的右上方或正上方,练习者正手击直线球或对角线高远球。

要求:移动到球的正下方或左下方运用正确的击球动作击球,击球时要通过蹬地、转体、收腹的协调用力完成动作。

(4)吊球:把对方击来的后场高球还击到对方的网前区的击球法谓之吊球。击球时,当球拍和球接触的一刹那,前臂突然减速,如吊直线球就向前下切削,若吊对角线球则手腕向下切削。它的作用是调动对方站位,以利步法组织进攻。

练习方法:

练习一:轻杀球练习

方法:同伴发出中场半高球,练习者轻杀直线球。

要求:放松手臂、手腕,逐步减轻击球力量,使球成弧线下落。

练习二:轻吊直线球或斜线球

方法:同伴发出中后场半高球或高球,练习者轻吊直线球或斜线球。

要求:尽量在高点吊球,以使球贴近球网下落。

(5)扣杀球:把对方击来的高球全力向下扣压叫扣杀球。扣杀球的特点是力量大、速度快。它是主动进攻的重要技术。正手杀球技术和正手击高远球技术相似,不同之处在于扣杀时击球点更靠前一点,杀球时应用尽全力,手腕迅速下压。

练习方法:

练习一:投掷羽毛球或小实心球

方法:练习者侧身对网或墙,左脚在前,右脚在后,右手持球。练习时随身体左转,右手向前下方扔掷羽毛球或实心球。

要求:快速、有力地向前下方扔掷,但不要用大臂的力量。

练习二:半高球扣杀练习

方法:练习者在中场准备,同伴发网前半高球,让练习者上步下压扣杀。球距网距离可逐步加大,高度也逐步加高。

要求:练习者应向前、向下扣杀,手腕应放松地快速闪动,完成击球动作。

2. 前场网上击球

网上击球是调动对方、寻找战机的重要手段,并可直接得分。因它的技术动作轻松而细巧,运用力量要求控制适度,所以在学习网上击球时,除了要注意动作规范之外,还应细心体会击球时手腕、手指的细微感觉。击球前侧身对网,右脚跨步称弓箭步,左脚在后自然拉开,上体略微前倾,右手持拍前伸约与肩平,肘关节微曲。注意握拍要放松。

(1)放网前球:击球时,拍面稍朝前下方倾斜,前臂带动手腕和手指用前送动作轻托球底部。正反手搓球除握拍不同外,其他要领相同。

(2)搓球:击球时,拍面稍前倾,利用手腕和手指的力量向前"切削"球托底部或向后"提拉",使球击出后旋转或滚动过网。搓球一般在对方来球较靠近网上时运用。正反手搓球除握拍不同外,其他要领相同。

(3)推球:在网上将来球用较平的弧线快速推到对方场区底线叫推球。击球时拍面前倾几乎与网平行,利用前臂带动手腕和手指的快速"闪动"将球击出。正手推球多用食指力量,反手推球多用拇指力量。

(4)钩球:在网前把来球回击到对角线网前叫钩对角球。击球时,拍面斜向对方右(左)网前。正手勾对角线时击球托的右侧,手腕和手指带动球拍向左内勾动;反手勾对角时,击球托的左侧,同时向右内勾动。

(5)扑球:在网上把高于网的来球迅速扑压下去叫扑球。击球时,拍面前倾,前臂带动手腕和手指的快速闪动发力,击球后立即收拍,以免触网犯规。扑球时要求判断准、上步快、抢点高、动作小。正反手均可。

练习方法:

练习一:持拍颠球练习

方法:练习者持拍用搓球动作在体前颠球。

要求:体会搓球动作中手指、手腕的发力动作,提高手指、手腕控制球的能力。

练习二:网前搓球、推球、勾对角线多球练习

方法:练习者持拍站在网前,由同伴抛球至网前,分别用三种技术进行练习。

要求:手指、手腕放松,击球点尽量靠近网口,以提高击球质量。

3. 低手击球

低手击球一般是在防守时所采用的击球技术,难度较大。如运用得当,在防守中能起到很好的效果。

(1)抽球:击球点在肩以下,以躯干为纵轴发力,做半圆式的挥拍击球动作,

击球时拍面稍后仰,击出的球弧线不应太高,球正好贴网而过是最理想的,底线抽球主要是为了对付长杀球、平推球或对方突然回击的平高球使自己较被动地退到底线去接球时采用的一种击球技术。它可以分正手和反手两种抽球。

(2)接杀球:把对方杀过来的球还击到对方场区去叫接杀球。接杀球分为接杀近身球和接杀远身球。所谓接杀近身球即对方杀球的落点离身体不远,不需移动脚步而在原地即可进行还击。击球时,主要依靠前臂、手腕的发力,用力大小和拍面变化要根据对方杀球的力量大小和己方回击的不同落点而变化。接杀远身球即对方杀球的落点离身体较远,需移动脚步进行还击。击球时,两脚急速蹬伸同时转髋,采用两侧移动步法至击球位置,上体侧向击球点,同时右手侧伸,以前臂、手腕的闪动发力击球。接杀远身球回击网前或后场球时的用力及拍面变化与接杀近身球相似。

练习方法:

练习一:对墙击球练习

方法:练习者对墙而立,距离 2 米左右,用正、反手对墙击球。

要求:注意用前臂的旋转发力完成击球动作。

练习二:接杀球抽球练习

方法:同伴在网前向练习者发平直低球,或向下扣杀球,高度在练习者肩部以下、膝部以上,练习者用正、反手抽球将球回击到对方的后场。

要求:击球前一刹那握紧球拍,用前臂的旋转和手腕的闪动将球击出。

4.中场平击球

中场平击球技术主要是对付对方击来的弧线平于或稍低于网,且落点在中场附近的低平球时所采取的回击技术。在双方比赛中多采用这种技术。它的击球点在与肩同高处或在肩腰之间。因为来球的速度较快、弧线较平,所以击出的球也较快、较平,因而中场平击球也是一种对攻的技术。它有正、反手中场平抽球,半蹲式中场平击球两种。

(1)正、反手中场平抽球

正、反手中场平抽球主要是对付对方来球中离身体较远的平球。人站于中心附近,两脚左右开立,面对球网,两膝微曲,右手持拍于体前。击球时,判断准来球并向右(左)侧横跨一步,同时挥拍依靠前臂和手腕的闪动发力击球。正手平抽球时,多用食指的力量向前发力;反手平抽球时,多用拇指的反压力朝前发力。此外,不论是正手还是反手中场平抽球,其击球点都应争取在身体侧前方,这更便于手臂的发力。

(2)半蹲式中场平击球

半蹲式中场平击球主要运用在双打比赛中,这是进行对攻的一种击球技术。

这种技术是将对方击来的位于肩部或面部附近的球,在半蹲姿势下还击回去。击球时,看准来球,迅速采取半蹲姿势,同时举拍在正面或头顶等位置以前臂带动手腕快速闪动挥拍击球。

练习方法:

练习:两人对抽球练习

方法:练习者分站网两侧,互相用正、反手抽平直球。

要求:双方将球的回击高度控制好,或一人向上抽,一人向下压。并根据对方抽球的线路变化,及时调整自己的站位和改变抽球动作。

第三节　羽毛球基本战术

一、基本打法

1. 单打打法

(1)压后场底线:这是一种以高球压对方后场底线,迫使对方后退,然后寻找机会以大力扣杀或吊网前空当争取得分的打法。这是初学者必须学会的基本打法。运用这种打法对付后退步子较慢或基本技术掌握较差的对手是十分有效的。应当注意:压后场时,不论是高远球还是平高球,都要压得狠、压得低,如果压后场软绵无力且达不到底线,则易遭受对方的攻击,致使这种打法失效。

(2)打四方球控制落点:以高球或吊球准确地将球击到对方场区的四个场角,调动对方前后左右跑动,打乱其阵脚,在对方来不及回中心位置或回球质量较差的对手较为有效。它要求运动员本身有较强的控球能力和快速、灵活的步子及较强进攻能力。

(3)快拉快吊:以平高球快压对方后场两底角,配合快吊网前两角,吸引对方上网。以网前搓球、钩对角球结合推后场底线,迫使对方疲于奔命、被动回球,从而为本方创造中后场大力扣杀或网上扑杀机会。这是一种积极主动、快速进攻的打法。它要求运动员有较全面的攻守技术,且手法准确熟练、步子快速灵活。

(4)后场下压:本方在后场扣杀对方击来的高远球,结合吊球,迫使对方被动挡网前球,这时可趁机主动快速上网搓、推球,创造机会,再以重杀或劈杀结束战斗。这是一种全攻型的打法,具有先发制人、快速凶狠等特点。它要求运动员体力好、连续大力扣杀的能力强、脚步移动快而积极。

(5)守中反攻:这种打法是利用拉、吊四方球及防守中的球路变化,调动对方,伺机反攻(扣杀、吊或平抽空当)。此打法较适合本身进攻能力不强、但防守技术较好、反应较快、身体灵活且身材较矮的选手。

2. 双打打法

（1）快攻压网：从发球抢攻开始，以左右分边站位、平抽平打快速杀球为主，压在前场进攻。这种打法要求运动员要有较好的半场平抽打技术和较强的封网意识，力争在前场解决战斗。

（2）前场打点：通过网前搓、勾对角及推半场球或找空隙进攻，打乱对方站位，创造后场进攻机会。它要求运动员有细巧的网前技术。

（3）后攻前封：两运动员基本保持前后站位，后场逢高球就下压，当对方还球到前半场或网前时，即予以致命的扑杀。这种打法要求站在后场的运动员具有连续扣杀的能力，站在前场的运动员具有较强的封网意识和技术。

（4）抽压底线：以快速的平高球或长抽球压住对方底线两角，即使在对方扣杀时也能以平抽反击或挑高球达到对方两底角来调动对方，伺机进攻。它要求运动员具有较强的防守能力和较好的底线平抽球技术。

二、基本战术

1. 单打战术

（1）发球抢攻战术：从发球的第一拍起，争取控制对方，以攻杀得分。这种战术，一般为发网前低球结合平快球、平高球，争取第三拍的主动进攻。用这种战术对付应变能力较差的对手，或实施于比赛的关键时刻，效果往往很好。实施这一战术时，应有高质量的发球予以保证，否则很难成功。

（2）攻后场战术：此战术是通过击高球、重复压对方的底线两角，造成对方的被动，然后寻找机会进攻。用它来对付初学者，或后场还击能力较差，或后退步子较慢以及急于上网的对手是很有效的。

（3）攻前场战术：对网前技术较差的对手，可运用此战术先将其吸引到网前，然后再攻击其后场。采用此战术，自己首先要有较好的网前击球技术。

（4）打四方球战术：若对手步子较慢、体力较差、技术不全面，可以快速准确地落点攻击对方场区的四个角落，寻找机会向空当进攻。此战术的主要目的是通过打落点，逼迫对方前后奔跑、被动应付，并在其回球质量下降或露出破绽时乘虚而入而攻之。

（5）杀、吊上网战术：对于对手打来的后场高球，本方先以杀球配合吊球把球下压，落点选在场区的两条边线附近，致使对手被动回球。若对手回网前球时，本方迅速上网搓球、钩对角球或平推球，创造在中场大力扣杀的机会。这种战术必须能很好控制杀、吊球的落点，在使对方被动回球时，才能主动迅速上网。

（6）打对角线战术：对付身体灵活性差、转体较慢的对手，不论是进攻还是防守，均应以打对角线球为主。这样，对方会因移动困难而被动，为我方创造进攻机会。

（7）防守反击战术：在对方主动进攻、我方被动防守时，我方可高质量地接杀挡网；或抓住对方攻杀力量减弱或落点不好的机会，以平抽底线球还击对方后场，扭转被动局面，并进行反击。

2. 双打战术

（1）攻人战术：集中攻击对方中有明显弱点的人，并伺机攻击另一人因疏忽而露出的空当，或对此人偷袭。双打比赛中的配对选手的技术，一般总有一人好些，另一人稍差些。即便两人水平相差不多，但若能集中力量攻击其中一人，也可给其造成很大的心理压力，从而使其出现失误。

（2）攻中路战术：当对方分边站位防守时，将球攻击对方两人的中间；当对方前后站位时，可将球下压或平推两边半场。这样可使对方防守时互相争抢或互让而出现失误。

（3）攻后场战术：对方扣杀能力差，本方可采用平高球、推平球、接杀挑底线，把对方一人紧逼在底线两角移动。当对方被动还击时，则抓住机会大力扣杀。如另一对手后退支援时，即可攻网前空当。

（4）后攻前封战术：当本方处于主动进攻前后站位时，站在后场的队员见高球就杀或吊网前球，迫使对方接球挡网前，这为本方前场队员创造了封网扑杀机会。前场队员要积极封锁网前，迫使对方被动挑高球。一旦对手挑高球达不到后场，就为本方创造了再进攻的机会。

（5）防守反攻战术：在防守中寻找反攻的机会，以便摆脱困境，转被动为主动。例如：挑底线高球，即不论对方从哪里进攻，本方都应设法把球挑到进攻者的另一边底线，即如对方正手后场攻直线就挑对角线，如对方攻对角就挑直线。这是一种较容易争得主动的防守战术，在女子双打中运用更为有效。时机有利，即可运用反抽或挡网前回击对方的杀球，从守中反攻，争得主动权。运用此战术时，要注意挑高球一定要挑到底线，否则将会出现对方连续攻杀而本方无力反击的局面。

第四节　羽毛球竞赛规则

一、羽毛球场地

羽毛球场地是一个长 13.40 米，双打宽 6.10 米，单打宽 5.18 米，场地中央被球网（两边柱子高 1.55 米，中间网高 1.524 米）平均分开的长方形场地。

羽毛球场地横向被中线平分为左右两个半区。纵向被分为前场、中场、后场，前场就是从前发球线到球网之间的一片场地；后场是指从端线到双打后发线之间的一片场地;中场是前发球线与双打后发球线之间的一片场地。

二、站位

运动员站在羽毛球场上的位置称为站位。站位有两种情况:一种是受限制的站位。如发球、接发球时运动员的站位,就必须按要求站在规定的区域内(左半区或右半区)。另一种是不受限制的站位,可根据自己或同伴(双打)的需要而选择的站位。如单打的站位一般在离前发球线1米左右的中线附近,双打站位可根据双打两个运动员的具体战术需要而选择前后或左右的站位。

根据以上对羽毛球场地的划分,又可把不受限制的站位具体分为左半区站位、右半区站位、前场站位、中场站位和后场站位。

三、发球方位

发球员的分数为0或双数时,双方运动员均应在各自的右发球区发球或接发球;发球员的分数为单数时,双方运动员均应在各自的左发球区发球或接发球。双打中,一局比赛开始和每次获得发球权的一方,都应从右发球区发球。

四、暂停

除非特殊情况(比如球坏了,地板湿了),球员不得提出中断比赛的要求,技术暂停除外。

五、违例

(1) 发球不合法

① 非法延误发球。

② 发球员和接发球员都必须站在斜对角发球区内发球和接发球,脚不能触及发球区的界线;两脚必须都有一部分与地面接触,不得移动,直至将球发出。

③ 发球员的球拍必须先击中球托,与此同时整个球要低于发球员的腰部。

④ 击球瞬间,球拍杆应指向下方,从而使整个拍头明显低于发球员的整个握拍手部。

⑤ 发球开始后,发球员的球拍必须连续向前挥动,直至将球发出。

⑥ 一旦双方运动员站好位置,发球员的球拍头第一次向前挥动即为发球开始(也就是禁止假发球,虚晃一枪)。

⑦ 双打比赛,发球员或接发球员的同伴站位不限,但不得阻挡对方发球员或接发球员的视线。

(2) 发球失败

① 发球员发球时未击中球。

② 发球时,球过网后挂在网上或停在网顶。

(3) 比赛时违例

① 球落在球场界线外。

② 球从网孔或网下穿过。

③ 球不过网。

④ 球碰屋顶、天花板或四周墙壁。

⑤ 球触及运动员的身体或衣服。

⑥ 球触及场外其他人或物体。

⑦ 运动员球拍、身体或衣服触及网或网的支撑物。

⑧ 运动员的球拍或身体从网下侵入对方场区,妨碍对方或使对方注意力分散。

⑨ 妨碍对方,如阻挡对方紧靠球网的合法击球。

⑩ 运动员故意分散对方注意力的任何举动,如喊叫、故作姿态等。

⑪ 击球时,球夹在或停滞在拍上紧接着又被拖带。

⑫ 球触及运动员球拍后继续向其后场飞行。

⑬ 未过网击球:一方将球击出但球还未过网,另一方就击球。

⑭ 连击球:一队员在击球中连续两次击球或双打中两队员各击一次球,为违例。

违例或犯规均判对方得 1 分。

附:羽毛球考试内容、标准和方法

一、考试内容

1. 实践课:正手发球、专项身体素质 6.1 米×4 折返跑;

2. 理论课;

3. 综合评定:考勤、学习态度、提高幅度、学生参与意识。

二、考试标准

1. 发球:考试者站在右发球区,向对面场区发球 10 次,根据球的落点及动作的完成情况评定成绩。

2. 专项身体素质

得分 性别	20	10	16	14	12	10	8	6	4
男	16″1	16″5	16″9	17″3	17″7	18″1	18″5	18″9	19″3
女	17″1	17″5	17″9	18″3	18″7	19″1	19″5	19″9	20″3

三、考试方法

1. 发球考试:男、女生分开考试,每人发球 10 次。

2. 专项身体素质:男、女生分开考试,两人一组,每人有两次机会,取较好成绩。

3. 理论课：根据学生完成试卷的情况评定成绩。

四、分值比例

1. 实践课：发球 40 分，占 40%；
  专项身体素质 20 分，占 20%。

2. 理论课：30 分，占 30%。

3. 综合评定：10 分，占 10%。

第十章 武 术

第一节 武术概述

中华武术又称为"国术"或"武艺",是中国传统体育项目。其内容是把踢、打、摔、拿、跌、击、劈、刺等动作按照一定规律组成徒手的和器械的各种攻防格斗功夫、套路和单势练习。武术具有极其广泛的群众基础,是中国人民在长期的社会实践中不断积累和丰富起来的一项宝贵的文化遗产。

一、武术的形成与发展

武术在我国有着悠久的历史,起源可以追溯到原始社会。那时,人类已开始用棍棒等原始工具作武器同野兽进行搏斗,一方面是为了自卫,另一方面是为了猎取生活资料;后来人们为了互相争夺财富,进而制造了更具有杀伤力的武器,如《山海经·大荒北经》就有"蚩尤作兵伐黄帝"的记载。这样,人类通过战斗,不仅制造了兵器,而且逐渐积累了具有一定的攻防格斗意义的技能。

公元前 500 年左右,天竺国(今印度)的达摩祖师创建了佛教格斗武技,在以后的岁月里,印度的武术也传到了中国,形成少林一派,在中国武林占据了重要地位。

殷商时期,青铜业发展,以车战为主,出现了一些铜制武器,如矛、戈、戟、斧、钺、刀、剑等。同时,也出现了这类武器的使用方法,如劈、扎、刺、砍等技术。为了提高战斗力,开始有了比赛的形式。如《礼记·王制》所载"凡执技论力,适四方,裸股肱,决射御",意即较量武艺高低。

春秋战国时期,铁器出现,步骑兵兴起,为了在步骑战中发挥作用,长柄武器变短,短柄武器(特别是剑身)变长,这样,武器的内容就更加丰富了,武术的技击性进一步突出,同时武术的健身作用也受到重视。这时比试武艺的形式已广泛出现,更加推动了武艺的发展。据《管子·七法》载,当时每年有"春秋角试"。据《庄子·人间世》和《荀子·议兵》所载,当时比试武艺已非常讲究技巧,拳术打法有进攻、防守、反攻、佯攻等。

秦时,盛行角抵和手搏,比赛时有裁判,有赛场,有一定的服装。1975 年湖北省江陵县凤凰山秦墓出土的一件木篦背面上就彩绘了当时一场比赛的盛况:

台前有帷幕飘带,台上 3 个上身赤裸的男子,只穿短裤,腰部系带,足穿翘头鞋,2 人在比赛,1 人双手前伸做裁判。

汉代,有了剑舞、刀舞、双戟舞、钺舞等。这都说明,汉时的武舞已有明显的技击性,有招法,又多以套路的形式出现。汉朝是武术大发展的时期,形成了多种技术风格的流派。如《汉书·艺文志》收入的"兵技巧"类就有 13 家、199 篇,都是论述"习手足,便器械,积机关,以立攻守之胜者也"的武术专著。

两晋南北朝时期,战乱频繁,官僚贵族或耽于宴乐或追求长生不老之术,其影响也渗透到社会各阶层的生活中,如视剑为具有神秘色彩的法器,甚至以木剑代刀剑,用荒诞无稽的邪说取代练武,致使武艺停滞不前。

隋唐五代时期,随着封建社会经济的发展和繁荣,武术重新兴起,唐朝开始实行武举制,并用考试办法授予武艺出众者以相应称号,如"猛殴之士"、"矫捷之士"、"技术之士"、"疾足之士",获得每个称号都有具体标准。如"猛殴之士"要"有引五石之弓,矢贯五扎,戈矛剑戟便于利用……"(《武备志·太白阴经·选士篇第十六》)。这一通过考试选拔人才的制度,促进了社会上的练武活动。

随着步骑战的发展,在战场上,戈、戟逐渐被淘汰,剑作为军事技术多被刀所代替,但作为套路的演练仍在发展。

宋代出现了民间练武组织,见于记载的有"锦标社"(射弩)、"英略社"(使棒)、"角抵社"(相扑)等。这些社团因陋就简,"自置裹头无刃枪、竹标排、木弓刀、蒿矢等习武技"(《宋史》卷一百九十一)。在城市中,据《栋亭十二种都城记胜》所载,在街头巷尾打场演武,十分热闹。表演的武艺有角抵、使拳、踢腿、使棒、弄棍、舞刀枪、舞剑以及打弹、射弩等,对练叫"打套子",有"枪对牌"、"剑对牌"等,这时,集体项目也发展较快,例如,《东京梦华录》卷七载:"两人出阵对舞,如击刺之状,……,出场凡五、七对,或以枪对牌,剑对牌之类。"但对抗性的攻防技术由于受到宋理学家倡导"主静"的影响,都逐渐走向衰微。

元代统治者对民间"二十人之上不许聚众围猎"(《元典章》卷三·赈饥贫),连民间私藏武器也属犯罪,武艺多以秘密家传的方式进行传授。

明代是武艺大发展的时期,出现了不同风格的技术流派,拳术、器械都得到了发展,特别是在理论上总结了过去的练武经验,具有代表性的著作有《纪效新书》、《武篇》、《耕馀剩技》等。这些著作不同程度地记载了拳术、器械的流派、沿革、动作名称、特征、运动方法和技术理论等,有的还附有歌诀及动作图解,为后世研究武术提供了重要依据。

清代统治者禁止练武,民间则以"社"、"馆"的秘密结社形式传授武艺,其中著名的拳种,如太极拳、八卦掌、形意拳、八极拳、劈挂拳等,多在清代形成。

民国期间,社会上存在着各种形式的拳社,对传播和发展武术起了积极作用。

中华人民共和国成立后,武术被作为优秀民族遗产加以继承、整理和提高,国家设有专门机构负责开展武术运动,成立了各级武术协会,将武术列为正式比赛项目。1953年,举行了第1届全国民族形式体育表演竞赛大会,接着又举行多次全国性武术比赛或表演大会。为了推动武术的普及和提高,国家组织创编了比赛规定套路,编制了群众武术活动所需要的初级套路,如简化太极拳等,出版武术书籍和挂图,拍摄武术影片和录像。为探讨武术运动锻炼的价值,还组织有关生理的测定和研究,使其逐步科学化。此外,各体育学院、体育系相继设立武术课和武术专业班,大中小学也把武术列为体育课教学内容,青少年业余体校也建立武术班,各地武术协会设立各种形式的武术辅导站,其中包括嵩山少林,吸引了大批武术爱好者习武健身。

二、武术的特点

1. 寓技击于体育之中

武术最初作为军事训练手段,与古代军事斗争紧密相连,其技击的特性是显而易见的。在实用中,其目的在于杀伤、限制对方,它常常以最有效的技击方法,迫使对方失去反抗能力。这些技击术至今仍在军队、公安警校训练中被采用。武术作为体育运动,技术上仍不失为攻防技击的特性,而是将技击寓于搏斗与套路运动之中,搏斗运动集中体现了武术攻防格斗的特点,在技术上与实用技击基本上是一致的,但是从体育观念出发,它受到竞赛规则的制约,以不伤害对方为原则。如在散手中对武术中有些传统的实用技击方法作了限制,而且严格规定了击打部位和保护护具,短兵中使用的器具也作了相应的变化,而推手则是在特殊技术规定下进行竞技对抗的。因此,可以说武术的搏斗运动具有很强的攻防技击性,但又与实用技击有所区别。

套路运动是中国武术的一个特有的表现形式,不少动作在技术规格、运动幅度等方面与技击的原形动作有所变化,但是动作方法仍然保留了技击的特性。即使因连接贯穿及演练技巧上的需要,穿插了一些不一定具有攻防技击意义的动作,然而就整套技术而言,主要的动作仍然是以踢、打、摔、拿、击、刺诸法为主,是套路的技术核心。它的攻防技击特性是通过一招一式来表现的,汇集百家,它的技击方法是极其丰富的,在散手、短兵中不宜采用的技术方法,在套路运动中仍有所体现。

2. 内外合一、形神兼备的民族风格

既究形体规范,又求精神传意。内外合一的整体观,是中国武术的一大特色。所谓内,指心、神、意等心智活动和气总的运行;所谓外,即手、眼、身、步等形体活动。内与外、形与神是相互联系统一的整体。例如五禽操就是一种模仿虎、鹿、熊、猿、鸟五种动物的奇妙功夫,其精髓就是:外动内静、动中求静、动静兼备、有刚有柔、刚柔并济,练内练外、内外兼练。著名学者申宝峰用二十字把五禽操概括为:"健身五禽操,虎鹿熊猿鸟,形神兼具备,长练永不老。"

武术"内外合一、形神兼备"的特点主要通过武术功法和投法来体现。"内练精气神,外练筋骨皮"是各家各派练功的准则,如太极拳主张身心合修,要求"以心行气,以气运身",形意拳讲究"内三合,外三合",少林拳也要求精、力、气、骨、神内外兼修。此外武术套路在技术上往往要求把内在精气神与外部形体动作紧密相合,完整一气,做到"心动形随"、"形断意连"、"势断气连"。以"手眼身法步,精神气力功"八法的变化来锻炼身心。这一特点反映了中国武术作为一种文化形式在长期的历史演进中受到中国古代哲学、医学、美学等方面的渗透和影响,形成了独具民族风格的练功方法和运动形式。

3. 广泛的适应性

武术的练习形式、内容丰富多样,有竞技对抗性的散手、推手、短兵,有适合演练的各种拳术、器械的对练,还有与其相适应的各种练功方法。不同的拳种和器械有不同的动作结构、技术要求、运动风格和运动量,分别适应人们不同年龄、性别、体质的需求,人们可以根据自己的条件和兴趣爱好进行选择练习,同时它对场地、器材的要求较低,俗称"拳打卧牛之地",练习者可以根据场地的大小变化练习内容和方式,即使一时没有器械也可以徒手练参、练功,受时间、季节限制也很小,较之不少体育运动项目,具有更为广泛的适应性,武术能在民间历久不衰,与这一特点不无关系。利用这一特点可为现代群众性体育活动提供方便,使武术进一步社会化。

三、武术的作用

1. 提高素质,健体防身

武术套路运动的动作包含着屈伸、回环、平衡、跳跃、翻腾、跌扑等,人体各部位几乎都要参与运动。

系统地进行武术训练,对人体速度、力量、灵巧、耐力、柔韧等身体素质要求较高,人体各部位"一动无有不动",几乎都参加运动,使人的身心都得到全面锻炼,实践证明,对外能利关节、强筋骨、壮体魄,对内能理脏腑、通经脉、调精神。武术运动讲究调息行气和意念活动,对调节内环境的平衡、调养气血、改善人体机能、健体强身十分有益。

武术套路运动和博斗运动,都是以技击作为中心内容的,通过武术锻炼,不仅能够达到增强体质的作用,而且能够学会攻防格斗技术,特别是武术功力训练,更能发挥技击的实效性。

武术的博斗运动,通过攻防技术练习及拳打、脚踢、快摔等动作的运用,并扬长避短、攻彼弱点、避彼锋芒,讲究得机、得时、得势,从而提高判断力和应变能力。这无疑能提高人们克敌制胜和防身自卫的能力,尤其对公安武警和边防指战员对敌中更有实际意义和作用。

2. 锻炼意志,培养品德

练武对意志品质的考验是多方面的。练习基本功,要不断克服疼痛关,培养"冬练三九,夏练三伏",常年有恒,坚持不懈的品质。套路练习,要克服枯燥关,培养刻苦耐劳、砥砺精进、永不自满的品质。遇到强手克服消极逃避关,锻炼勇敢无畏、坚韧不屈的战斗意志。经过长期锻炼,可以培养人们勤奋、刻苦、果敢、顽强、虚心好学、勇于进取的良好习性和意志品德。

"教武育人"贯彻在武术教习全过程中,"未曾习武先学礼,夫曾习武先习德",传统中始终把武德列为习武教武的先决条件。武术在中国几千年绵延的历史中,一向重礼仪,讲道德,"尚武崇德"。如尊师爱友,包含了深刻广泛的道德内容;互教互学,以武会友,切磋技艺,讲礼守信,见义为,不凌弱逞强等品德。激烈的攻防技术和人生修行结合起来,是中国武术传统道德观念的体现。在社会的发展中,武德的标准和规范也不尽相同,尚武而崇德不仅能很好地陶冶情操,还大大有益于社会精神文明建设。

3. 竞技观赏,丰富生活

武术具有很高的观赏价值,无论是套路表演,还是散手比赛,历来为人们喜闻乐见。崔宗之称赞李白"起舞拂长剑,四座皆扬眉"。杜甫在《观公孙大娘弟子舞剑器行》著名诗篇中有"昔有佳人公孙氏,一舞剑器动四方。观者如山色沮丧,天地为之久低昂"的描绘。汉代打擂台,"三百里内皆来观",都说明无论是显现武术功力与技巧的竞赛表演套路,还是斗智较勇的对抗性散手比赛,都会引人入胜,给人以美的享受,具有很高的观赏价值。

4. 交流技艺,增进友谊

武术运动蕴涵丰富,技理相通,入门之后会有"艺无止境"之感。群众性的武术活动,成为人们切磋技艺、交流思想、增进友谊的良好手段。随着武术在世界广泛传播,还可促进与国外武术爱好者的交流。许多国家武术爱好者喜爱武术套路,也喜爱武术散手,他们通过练武了解认识中国文化,探求东方的文明。武术通过体育竞技、文化交流等途径,在与世界各国人民友好交往中发挥着越来越大的作用。

四、武术的内容和分类

武术的内容丰富多彩,按其运动形式可分为两大类:套路运动、搏斗运动。

1. 套路运动

套路运动是武术动作以攻收进退、动静疾徐、刚柔虚实等矛盾运动的规律编成的整套练习形式。主要内容包括拳术、器械、对练、集体表演。

（1）拳术：是徒手练习的套路运动。它的种类很多，主要有长拳、太极拳、南拳、行意拳、八卦掌、通背拳、象形拳等。

（2）器械：器械的种类很多，分为长器械、短器械、双器械、软器械。刀、枪、剑、棍是长、短器械的代表。目前在武术竞赛中，刀、枪、剑、棍也是重点竞赛项目。

（3）对练：是在单练基础上，两人或两人以上，在预定的条件下进行的攻防的假设性实战练习。其中包括徒手对练、器械对练、徒手与器械的对练。

（4）集体表演：是以六人以上的徒手或器械集体演练，可变换队形与图案并加音乐伴奏，要求队形整齐，动作协调一致。

2. 搏斗运动

搏斗运动是两人在一定条件下按照一定的规则进行斗智较力的对抗练习形式。目前武术竞赛中正在开展的有散手、推手两项。

（1）散手：是两人按照一定的规则使用踢、打、摔、拿等方法制胜对方的竞技项目。

（2）推手：是两人遵照一定的规则，使用挤、按、采、捌、靠等手法，双方粘连黏随，通过肌肉的感觉来判断对方的用劲，然后借劲发劲将对方推出，以此决定胜负的竞技项目。

第二节　武术基本功和基本动作

武术基本功是指以武术运动中具有共性的基础训练为内容，以获得和运用武术技法必备的各种能力为锻炼目的的一类运动形式。它包括提高体能为主的各种功法和提高技能为主的基本动作练习。基本动作一般是指武术各类技术动作的练习，不仅可使身体各部位得到较全面的训练，较快地发展武术专项身体素质，还可以有效地防止和减少练习中的伤害事故，为学习和提高武术技术水平打下良好的基础。

武术的基本功包括：手法、腿法、步法、眼法等，配以踢、打、摔、拿、击、刺等技巧连贯而成套路。不同的套路和拳法各自有一些独特的基本功要求。

手法分为掌、拳、爪、勾、指等；腿法有踢腿、弹腿、鞭腿、踹等；步法有马步、弓步、虚步、歇步、仆步等。

手型与手法：手型与手法练习是运用拳、掌、勾三种手型，结合上肢冲、架、推、亮等运动方法，练习手型手法的基本规律。

1. 手型

拳:四指并拢卷握,拇指扣在食指和中指的第二指节上。要求拳握紧,拳面平,手腕直。

掌:四指并拢伸直,拇指第一指节弯曲并紧扣于虎口处。

勾:五指尖捏拢,屈腕。

2. 手法

(1)冲拳

分平拳和立拳两种。平拳拳心向下,立拳拳眼向上。

① 预备:两脚左右开立与肩同宽,脚尖向前,两拳抱于腰间,拳心向上,肘尖向后,挺胸收腹,立腰,目视前方。

② 动作要领:右拳从腰间向前快速冲出,拧腰顺肩,在肘关节过腰时,右前臂内旋。力达拳面,臂伸直,与肩平。同时左肘向后牵拉。左右交替练习。

③ 要求:出拳快而有力,出拳和收拳时,肘要贴肋运行。

(2)架拳

① 预备:与冲拳同。

② 动作要领:右拳向下、向左、向上经头前向右上方画弧,同时前臂内旋架起,拳眼向左斜下方,目视左方。左右交替练习。

③ 要求:松肩、塌腕、肘微屈。

(3)推掌

① 预备:与冲拳同。

② 动作要领:右拳变掌,以掌根为力点向前快速推出,同时前臂内旋使掌指向上,臂伸直与肩平。推出时要拧腰顺肩,同时左肘向后牵拉。左右交替练习。

③ 要求:出掌快而有力,出掌和收掌时,肘要贴肋运行。

3. 步型

(1)弓步:左脚向前一大步(约为本人脚长的4～5倍),脚尖微内扣,左腿屈膝半蹲,大腿略高于水平,膝不过脚尖;右腿挺膝伸直,脚尖内扣斜前方。双脚全脚着地,上体正对前方,两手腰间抱拳,目视前方。弓左腿为左弓步,弓右腿为右弓步。

动作要领:前腿弓,后腿绷,挺胸塌腰,沉髋合髋,两脚分别在一条纵线的两侧,两脚内侧横向相距约10厘米。

(2)马步:两脚左右开立(脚内侧相距约为本人脚长的3倍),脚尖向前,屈膝屈髋半蹲,膝不过两脚尖,大腿略高于膝,全脚着地。身体重心落于两脚之间,两手腰间抱拳,目视前方。

要求:挺胸塌腰,脚跟外蹬。

（3）仆步：两脚左右开立，右腿屈膝全蹲，脚尖和膝关节外展，臀部接近右脚跟；左腿挺直平仆，脚尖里扣，两脚全脚着地，两手腰间抱拳，目视左方。仆左腿为左仆步，仆右腿为右仆步。

要领：挺胸塌腰，平仆腿一侧沉髋。

（4）虚步：右脚外展45°，屈膝屈髋半蹲；左脚向前开立，膝稍屈，脚面绷平，脚尖虚点地，两膝稍内扣；重心落于右脚上，两手腰间抱拳，目视前方。左脚在前为左虚步；右脚在前为右虚步。

要求：挺胸立腰，虚实分明。

（5）高虚步：将虚步的两腿伸直，前腿仍绷足，足尖虚点地。要领与虚步相同。

（6）歇步：两腿交叉靠拢，全蹲，左脚在前，全脚着地，脚尖外展；右脚在后，前脚掌着地，右膝顶出并贴紧左小腿外侧，臀部坐于右脚接近脚跟处，两手腰间抱拳。目视前方或左方。左脚在前为左歇步；右脚在前为右歇步。

要求：挺胸塌腰，两腿贴紧，腰向前腿拧转。

（7）坐盘：将歇步中的后腿的大、小腿及脚面外侧贴地坐下，即成坐盘。

要求：与歇步相同。

（8）丁步：并步站立，两腿屈膝半蹲，右脚全脚着地；左脚尖虚点地，脚面绷平贴于右脚弓处。重心落于右腿上，两手腰间抱拳。目视左方。左脚尖点地为左丁步；右脚尖点地为右丁步。

要求：与虚步相同。

4. 腿部练习

（1）正压腿：面对一定高度的物体，并步站立。右腿提起，脚跟放在高物上，脚尖向头部方向勾紧，两手扶按膝上。两腿伸直，立腰、收髋，上体前屈，向前向下做振压动作。左右交替练习。

要求：向前向下振压时保持直体，挺胸立腰。经常练习，使前额逐渐触及脚尖，然后鼻尖、下颏触及脚尖。

（2）侧压腿：侧对一定高度的物体，左腿支撑，脚尖稍外撇；右腿提起，脚跟放在高物上，脚尖向头部方向勾紧；左臂上举掌心向上，右掌虎口一侧附于左胸前。两腿伸直，立腰开髋，上体向右侧振压。左右交替练习。

要求：与正压腿相同。使头部逐渐触及脚尖。

（3）仆步压腿：右仆步，右手抓握仆腿脚脚面，另一手按膝，上下振动。左右交替练习。

要求：挺胸塌腰，沉髋。

（4）正踢腿：并步站立，两臂侧平举，两手成拳或掌。左脚向前半步支撑，右脚脚尖勾起向前额处猛踢。目视前方。左右交替练习。

要求:挺胸直腰,脚尖勾起勾落或勾起绷落,踢腿时收髋收腹,支撑腿挺直,速度要快。

(5)侧踢腿:并步站立,两臂侧平举,两手成掌或拳。左腿向右腿前交叉支撑,右脚脚尖勾起向自己右耳踢起,左手上举亮掌,右手屈肘立掌于左肩前或垂于裆前。目视前方。踢左腿为左侧踢;踢右腿为右侧踢。

要求:挺胸直腰,侧身开髋,踢腿速度要快。

(6)弹腿:并步抱拳,左腿屈膝提起,腿与腰平,脚面绷平。当提膝接近水平时,迅速猛力挺膝,向前平弹,力达脚面,腿与髋平;右腿伸直或微屈支撑,目视前方。左右交替练习。

要求:挺胸直腰,收髋,脚面绷直,弹击有爆发力。

(7)蹬腿:与弹腿相同,唯脚尖勾起,力达脚跟。

第三节　实用防身术

防身术是一项运用踢、打、摔、拿等武术技击方法,以制服对方、保护自己为目的的专门技术。防身术中的奇妙招法,实质上是中华武术的精华"集锦"。它把武术中各种适合实践应用的招法分离出来,经过摘编、加工、提炼、创造、完善,使其成为一种散招,并具备简单、实用、易记、易学的特点。

女子应了解和掌握一些防身术的巧招,以自己的智慧、胆量、秘技、巧招、猝然偷袭,即可达到御敌防身之目的。这需要在武术教学中,帮助当代大学女生理解防身术的目的、任务和在社会生活中的意义与作用,懂得训练的基本原理,学会防身自卫所需要的基本技术、技能和训练的方法。

一、防身术动作方法

1. 自卫搏击的基本姿势

侧身是自卫或遭遇其他不测时必须注意的。道理很简单,只有侧身,才可能尽量少地暴露易遭攻击的部位。这种侧身是两腿一前一后,屈膝,脚掌着地。两手握拳一前一后(图10-1)。

2. 拳是人最主要的攻击武器

手是最灵活的,在攻防格斗中,手的威力最大,而手的攻击形式以拳为主。

(1)直拳又称冲拳,主要是直线用拳直接攻击对方面部和胸部(图10-2)。

(2)勾拳又称抄拳,主要走弧线或直线,由下方用拳面击打对方腹部、下颌等(图10-3)。

(3)劈拳:由上往下,以拳外背棱或指棱攻击对方面部的拳法(图10-4)。

（4）鞭拳：由左右以拳背攻击对手头部的拳法（图10-5）。

图 10-1

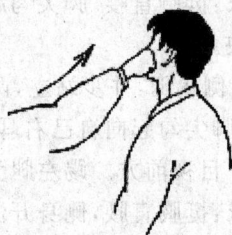

图 10-2

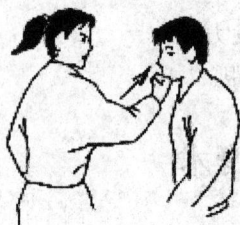

图 10-3

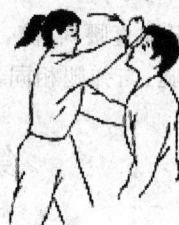

图 10-4

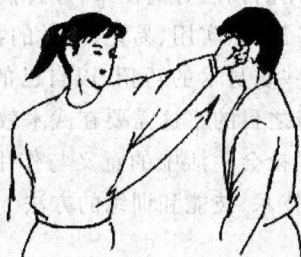

图 10-5

3. 防身手的用法

教学中让学生懂得用拳攻击是自卫的一种方法，但拳是由手构建的，怎样灵活运用手、运用拳需要在实战中变化运用。如手可变成虎爪、撮钩、单指、金剪指、双指、金铲指、倒夹等，可用来戳击对方眼睛、咽喉、腋下等要害部位，见图10-6。

4. 掌、爪攻击面部、眼睛的技法

被歹徒按压时，如手未被按压，可张开手掌，以掌根猛击歹徒鼻梁，轻则鼻血长流，重则可致昏厥。这一掌在武术中叫迎面掌［图10-7（a）］。迎面掌到位后，

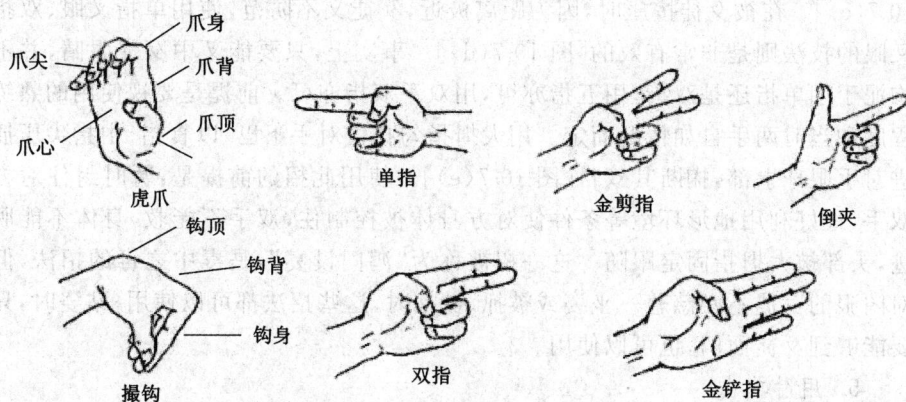

爪尖　爪身　爪背　爪顶　爪心　虎爪　单指　金剪指　倒夹　钩顶　钩背　钩身　撮钩　双指　金铲指

图 10-6

张开的五指以指甲贴其面抓下,武术中这一招叫"迎面贴金",又叫"洗脸炮"〔图10-7(b)〕,轻则抓破眼睑,泪流不止,眼睛睁不开,重则伤及眼球。这一招虽不致命,但使用方便,乘歹徒一时丧失施暴能力,自卫者可及时逃脱。

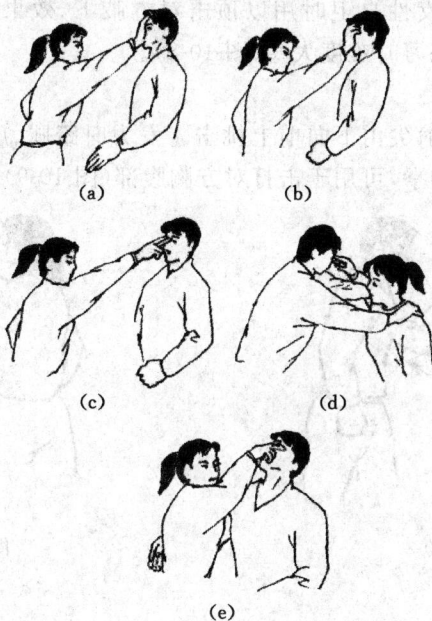

(a)　(b)　(c)　(d)　(e)

图 10-7

以一指或二指叉眼的方法在武术中叫"单放"、"双放"或"二龙戏珠"〔图

10-7(c)]。在被歹徒按压时,因为距离极近,歹徒又不防范,使用单指叉眼、双指叉眼的技法则是非常有效的[图 10-7(d)]。事实上,只要能叉中歹徒眼睛,并不拘泥于用单指还是双指,用五指亦可,用双手双指亦可。前提是要视使用的熟练程度和当时两手自如情况而定。用大拇指勾托住对手下巴,以食指、中指尖压插进对手眼球上部,掏断其双目[图 10-7(e)]。使用此招的前提是:暂时封住对方双手,最好利用地形环境等条件使对方身体被控制住,双手不能救,身体不能脱逃,头部被大拇指固定跟随。这一招被称为"鸿门设宴",是毒中之毒的招法,但对凶狠的歹徒不必慈悲。坐姿或被抓、被抱时,这些招法都可以使用;站姿时,只要能够到歹徒面门,也可以使用。

5. 用肘攻击

肘法属于近距离击打的技法。由于肘部的生理构造特点,击打力量较之其他手法(掌、拳等)要重、要狠,比较适合女性用于自卫。

(1) 顶肘

肘部平抬,屈臂,肘尖向前,发力时蹬腿、送髋,同时另一手大臂向另一侧也产生一股伸张力。蹬腿、送髋、大臂猛伸张,三股力用好了,顶肘动作就完美了。顶肘是以肘尖攻击,女性自卫时用以顶击对方腋下,效果最好。顶肘发力距离短,又无旋转助力,练习时难度大些(图 10-8)。

(2) 挑肘

前臂回收弯曲,肘尖由下向前上挑击。发力时蹬腿、旋转身体要领同直拳、勾拳。挑肘动作同勾拳,可用于击打对方胸腹部(图 10-9)。

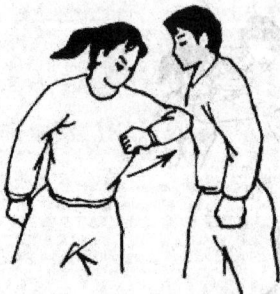 

图 10-8   图 10-9

(3) 横肘

横肘动作主要是两股力,一是蹬腿,二是旋转身体。大臂向前横移,实际上也是旋身之力的延长。横肘是以肘尖击打对方,适于攻击对方太阳穴、后脑、耳门、颈部以及胸肋等(图 10-10)。

（4）砸肘

手臂上抬,肘尖朝前上,砸击时身体迅速下沉,肘由上往下砸击,身体下沉与手臂砸击两股力合而为一。砸肘多用于对方抱腰、腿时砸击其后脑、腰部(图10-11)。

图 10-10   图 10-11

（5）反手顶肘

手臂略上抬,身体迅速下沉(但幅度没有砸肘大),同时两肘向后顶击,力达肘尖。顶肘主要用于攻击背后之敌肋、腹部(图10-12)。

（6）反手横肘

手臂平抬,蹬腿,身体旋转发力,同时手臂随旋转方向向后横向猛击,力达肘尖。反手横肘主要用于攻击背后之敌面部、太阳穴等(图10-13)。

图 10-12   图 10-13

6.用膝法攻击

膝的力量极大,用力量极大的膝攻击男性毫无承受打击能力的要害部位裆部,杀伤力非常大。以膝攻击裆部还有另外两个好处,一是距离短,这就保证了攻击可以在瞬间完成;二是角度小,攻击准备和攻击过程都可以很隐蔽。

用膝攻击距离一定要近,因为用膝与用腿不同,膝比大腿与小腿之和肯定短了许多,不到位或勉强到位,对手稍微弯腰一弓身就化解了。

（1）提膝

提膝又称顶膝,要领是膝腿上抬,动作要猛,并以双手拉住对方帮助发力（图10-14）。提膝是女性用以攻击的利器。提膝时可用手帮助发力。

（2）侧撞膝

侧撞膝分为左侧撞膝和右侧撞膝。左侧撞膝是左膝上抬,由左向右侧撞击。动作要领是,微倒身,扭髋内转,两手可抓住对方帮助发力。右侧撞膝动作与左侧撞膝相反。

7. 防身的适宜腿法

腿法可分为屈伸性腿法和直摆性腿法。直摆性腿法（如摆腿、后扫腿等）难度较大,未经长期特殊练习,不会有任何威力。考虑女生各方面的条件,还是用屈伸性腿法自卫比较合适。选用腿法有以下三种。

（1）蹬腿

蹬腿时,一腿支撑,一腿膝上抬,同时向前蹬出。蹬腿要领是脚尖要勾,力达脚跟。

蹬腿时身体不可前后俯仰,要轻快有力,蹬出后迅即收回（图10-15）。

图 10-14

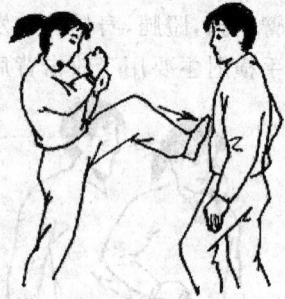

图 10-15

（2）弹腿

一腿支撑,一腿提膝,同时膝关节由屈到伸,向正前方弹踢出腿。脚背绷直,力达脚背。弹踢时要轻快有力（图10-16）。

弹腿又可分为正弹腿、侧弹腿、低弹腿、中弹腿、高弹腿等。女性自卫一般多用正弹腿攻击裆部。

（3）踹腿

踹腿又可分为正踹、侧踹。正踹时,一腿支撑,一腿提膝稍上抬,上抬之腿脚

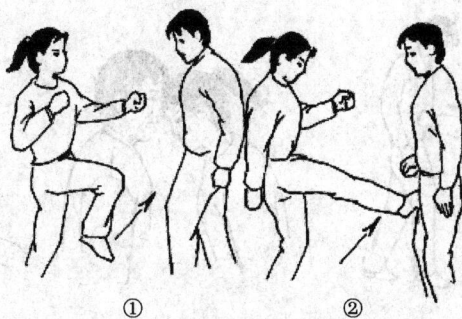

图 10-16

尖外摆，向前下方猛力端击，力达脚跟。正端腿一般用于攻击对手胫骨（小腿骨）（图 10-17）。

侧端时，先转体，一腿上抬，屈膝，勾脚尖，由屈到伸向前端击，力达脚跟。低侧端腿可用于攻击对方胫骨（图 10-18）膝关节；中侧端腿可用于攻击对方裆部、腹部（图 10-19）。

图 10-17

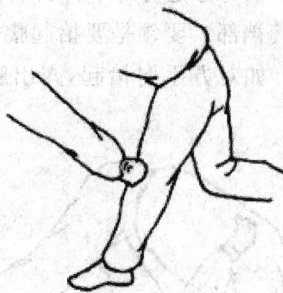

图 10-18

8. 用头部攻击

以额头为武器攻击对手，在武术中被称为头锋。头部虽然最多要害薄弱部位，但头部也有坚实的区域，这就是前额。有人做过试验，人的前额能承受一千公斤的压力。徒手对前额的攻击，如无特殊功力，一般都是攻击一方受伤。而以头锋击人，却颇见威力。头锋攻击，主要用于撞击对手面部和胸部，一般而言，撞击面部效果较好。撞击面部要瞄准鼻梁处三角区，千万不能撞在对方前额上，形成互伤（图 10-20）。

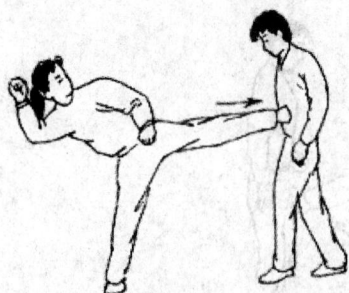

图 10-19

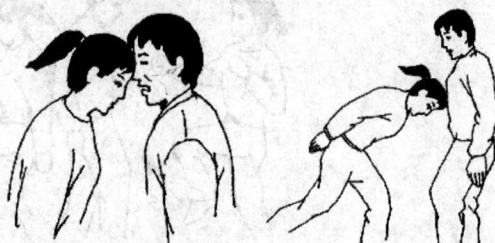

图 10-20

9. 仰卧被按压时可采用的技法

倒地后成仰卧姿势,被歹徒按压,这时歹徒可能站着,可能跪着,可能坐着,也可能趴着,可能骑在女性身上,也可能卧靠在旁边,仅以上身压着仰卧者,可能抓领,可能抓肩,可能搂脖,也可能掐喉。但是不管处于上述哪种情况,都要尽可能地采取攻其要害、一招制敌的抬腿蹬击裆部方法。这时可能采取的直接攻击的方法有:

(1) 如对方是分跨于仰卧者身体站立,而俯身抓、掐、压制仰卧者,仰卧者可抬腿蹬击其裆部。要领是要抬起腰、臀,用将身体送出去的力量猛蹬(图 10-21)。

(2) 如对方手肘抬起,露出腋下,可用掌夹、风眼捶、勾手等猛击其腋窝(图 10-22)。

图 10-21

图 10-22 掌尖击腋窝

(3) 直接戳击对方眼睛和戳击对方咽喉,有意想不到的效果,因为这时距离很近(图 10-23)。

(4) 如果手臂未被压住,对方的手臂又未形成阻隔(多在抱胸腰时),可用肘尖横击其太阳穴。要点是要用上腰腹之力、旋臂之力(图 10-24)。

(5) 如歹徒强行亲吻仰卧者,可抓住机会咬掉其鼻尖或舌尖。但要注意的

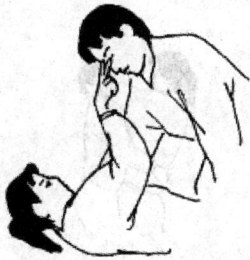

图 10-23　戳击双眼

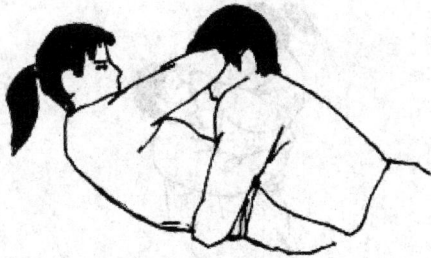

图 10-24　肘击太阳穴

是,被咬伤后的歹徒可能更丧心病狂。因此要在狠咬之后,趁其负痛一时失智的机会,连续进攻,再对其要害部位实施攻击(图 10-25)。

(6) 以头锋撞其鼻梁,抬头要猛(图 10-26)。

图 10-25　咬鼻子或舌尖

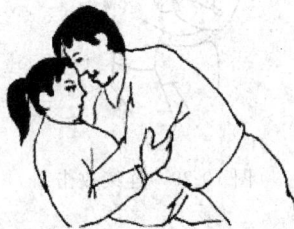

图 10-26　头锋撞鼻梁

10. 被抱时怎么对付

(1) 正面被抱腰时肘击太阳穴最为便捷

正面被对手抱腰,但手臂未同时被抱住,是以肘部攻击对方太阳穴的最好时机。一旦歹徒双手抱住你的腰,他的头部就全部暴露而失去防护了。这时,你可以佯装拒绝他的亲吻等,使上身后仰,造成攻击距离(图 10-27)。接着猛然收腹、旋身、挥臂,以肘部猛击其太阳穴(图 10-28)。以肘攻击歹徒太阳穴最好采用连续攻击法,一气呵成(图 10-29)。

(2) 正面被抱腰时攻击其眼睛,折其手指

正面被抱腰时因为手臂未被抱住,所以这时也可以采用叉眼、戳喉等方法(图 10-30)。如果只求解脱,可采用折手指技法(图 10-31)。

(3) 背后被抱时怎样对付

① 后腰被抱。抬手以反手横肘向后猛击对方太阳穴,同时蹬腿,身体旋转

图 10-27　后仰造成攻击距离

图 10-28　先用右肘击

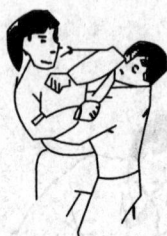

图 10-29　连续攻击

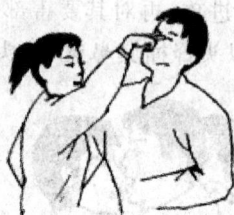

图 10-30　也可攻击其眼睛

发力,力达肘尖(图 10-32)。反方向折其拇指或小指(图 10-33)。以脚跟猛踩其脚面(图 10-34)。

图 10-31　折其手指

图 10-32　反手击太阳穴

② 连手臂后腰被抱。被抱者可伸手抓、握、提对方的睾丸(图 10-35)。因对方注意力在上部,很有隐蔽性,成功可能性很大。需要注意的是,反手掏出,务要准确。如果歹徒抱住的是腰际,那么歹徒必然弯腰,头较低,这时可猛仰头以后脑击其面部(图 10-36)。

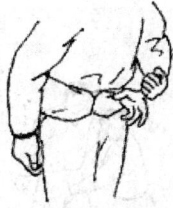

图 10-33　方方向折其手指　　　　　　图 10-34　以脚后跟跺其脚面

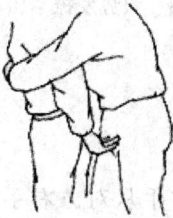

图 10-35　抓、握、提其生殖器　　　　　图 10-36　猛仰头击其面部

11. 头发被抓扯时采用的技法

(1) 当女子被人从正前方抓住头发往前拖扯之时,切勿与抓扯者的抓扯力相抗,以免头皮受伤。抓扯者拖带一般朝向下前方,女子的头不能抬起,头、眼也朝着这个方向。外行抓扯人一般都是身内拖带,因此裆部要害部位便全部暴露,并正处于被抓扯者面对的方向。这时,应趁被抓扯俯身向前窜而站立不稳之机,借着抓拉之力,借着惯性,将膝头高提,以提膝的打法猛撞歹徒裆部(图 10-37)。尤其要注意的是:很多人抓扯别人头发都有抓住前后推拉的习惯。在他推时,应顺其力后仰或后退,以免受伤;在他拉时,则借其力冲过提膝攻击。千万不要和歹徒硬抗是关键。

(2) 当女子侧立被人扯拖头发时,可顺其力侧身弯腰靠近对方,顺势发撩掌击其裆部,然后以手抓握其睾丸(图 10-38)。歹徒有时会揪住女子头发拖着往前走,这时女子是在歹徒的背侧位置,头已过其肘前,身在其肩后。这时,应以手掌自歹徒后裆猛地插入,使用掏裆法握紧其睾丸后提。一手掏裆时,另一手抓抱其腰胯配合发力。

(3) 头发被抓时抱住对方,可用一手掌心向上,四指直插进软肋(肋骨下),扣住肋骨往上扯,对方痛极自然会松手;或双手叠压于对方抓发之手背部,上体前倾弯腰下压或击打对方肘部曲池穴等,对手也会松手。但这些方法都是解脱之法而非致命之法,似不宜用于对付歹徒。

图 10-37 借惯性提膝撞裆

图 10-38 顺势发撩掌击其裆部

二、实用自卫防身技巧

1. 被动解脱的自卫技巧

(1) 腕部被抓解脱

当自己的左手或手腕被对方抓住时,用自己的右手从对方右手背部反抓扣其右手。随即,利用自己两臂及上体右转的力量,快速向上向右反折对方右臂;此时,自己的左手腕部紧张用力,从对方的手中旋转解脱,自己的右手大拇指扣紧对方的右手背部,随向上向内摆动的力量,用力前按,造成对方右手腕部的反关节,将对方制住。

(2) 胸襟被抓解脱

自己的胸部被对方右手抓住时,先用自己的左手压按在对方的右手背部,随即用右手从对方右肘关节下反抓其肘关节。自己迅速右腿前迈一步,放置在对方右腿外侧,并贴紧其大腿外侧;同时,上体左转且用力向上拉起对方的右肘关节,造成对方肩关节的反关节;同时利用右腿的贴靠使对方不能后退,而不得不后倒,将对方反制倒地。

(3) 腰部被抓解脱

当自己的腰带(或腹部衣服)被对方右手抓住时,用自己的右手反抓对方的右手,同时,用自己的左手刀,随身体右转向内推击对方右肘关节外侧。继续向内向上推击对方右肘外侧,同时,用自己的右手大拇指扣紧其右手背部,并用力下按使其右腕内旋;上推左手刀,形成肩关节的反关节而制服对方。

第十一章 跆拳道

第一节 跆拳道概述

一、古代跆拳道的产生与发展

跆拳道的产生没有一个确切的时期。在古老的过去人类为了捕食生存,并且为了防御外来的攻击,使用了自己的手脚的事实是不容争辩的。如果把任何防卫和攻击的动作都称做跆拳道的话,这个世界将会存在无数个跆拳道。跆拳道之所以与其他武术不同,是因为它科学地、逻辑地将大量的攻防基本动作柔畅地组合起来,按照历史的、哲学的理念完成了 24 个基本特尔(PATTERN)。而且,跆拳道的名称充分体现了赤脚空拳的力量和精神的道德修养。它是一个年轻而现代化的武道。

1955 年 4 月 11 日,由韩国各界著名人士组成的名称制定委员会,包括崔泓熙少将、李享根陆军大将,国会副议长、国会议员、著名企业家、著名武馆馆长等人士在内提出了各自的名称。通过无记名的投票,一致通过了崔泓熙将军提出的"跆拳"两字,由此,产生了跆拳道。从此,结束了唐手、空手及各种朝鲜古典武道等名称混杂的局面,朝鲜的武道开创了新世界,跆拳道开始了它的历史创造。

当年无疑是崔泓熙将军有生以来最有意义的一年。崔泓熙幼年时,在跟随朝鲜的著名书法家学习书法的同时,掌握了朝鲜的古典武道。青年时期留学日本,不仅完成了学业,还学习了空手道(唐手),获得了二段。1945 年 8 月 15 日随着朝鲜的解放,崔泓熙在汉城与其他人开始了新的武道研究,即今日的跆拳道。经过他的潜心研究和不断地实践,尤其是在韩国军队中的教授和普及,使他有机会反复实践,反复完善。在跆拳道命名之前,基本上完成了今日的跆拳道。

二、现代跆拳道运动的发展

1945 年,韩国民众在长期抗争后终于获得了国家独立,当时技击方法很多,名称也较为繁杂,如唐手道、跆跟等。为使这一韩国国技得以发扬光大,1961 年9 月,韩国成立了唐手道协会,后更名为跆拳道协会。跆(TAE),意为蹬踢,腾跃;拳(KWON),意为用拳击打,防御;道(DO),为练习的方法,也为一种精神。

1966 年成立了国际跆拳道联盟(ITF),崔泓熙任首届联盟主席。1973 年 5 月世界跆拳道联盟(WTF)在韩国汉城(现首尔)成立,金云龙当选为主席。截至 1998 年,世界跆拳道联盟已有会员国 144 个。1975 年世界跆拳道联盟被正式接纳为国际体育联盟会员。1980 年国际奥委会正式承认了世界跆拳道联盟。在短短二十多年里,跆拳道这项运动得到迅猛发展。目前世界上约有一百四十多个国家的三千多万人在进行跆拳道的训练。跆拳道第 1 届世界锦标赛和第 1 届亚洲锦标赛分别于 1973 年和 1974 年在韩国汉城举行。跆拳道在 1986 年第 10 届亚运会被列为正式比赛项目。1994 年 9 月经国际奥委会正式通过,被列为 2000 年奥运会正式比赛项目,设男女各四个级别。

目前,跆拳道运动已经成为完全独立的国际体育组织和正规的比赛项目。在世界锦标赛、亚洲锦标赛和亚运会上共设有男女各八个级别。跆拳道每两年举办一次世界锦标赛和世界杯比赛。

三、我国跆拳道运动的发展

1992 年 10 月 7 日,中国跆拳道筹备小组成立,这标志着我国跆拳道运动的正式开始。1994 年 5 月,在河北省正定举行了首届全国跆拳道教练员和裁判员学习班。1994 年 9 月,在云南昆明举行了第 1 届全国跆拳道比赛,当时共有 15 个单位 150 多名运动员参加了比赛。1995 年 5 月,共有 22 个单位 250 多名运动员参加了在北京体育大学举行的第 1 届全国跆拳道锦标赛,从此,跆拳道运动在中国迅速发展起来。1999 年 6 月 7 日,在加拿大埃特蒙多举行的世界跆拳道锦标赛上,我国女运动员王朔战胜多名世界强手,获得女子 55 公斤级冠军,这是我国运动员获得的第一个跆拳道世界冠军。

四、跆拳道礼仪

进行严格的礼仪、精神和行为规范的教育,是跆拳道运动重要而必修的内容,是跆拳道精神的基本体现,是所有跆拳道修炼者发自内心地对跆拳道的尊崇与敬意。作为一个以对抗为表现形式的运动项目,在训练比赛中,无论对抗程度如何激烈,它始终是一个载体,承载的是跆拳道博大精深的文化内涵;它始终是一种形式,是修身养性和完善人格的过程。通过这种形式来达到提高运动技术水平、磨炼意志品质的目的。"以礼始,以礼终"贯穿于跆拳道的整个训练过程。

跆拳道的立正为并步站,稍息为跨立站,标准礼为鞠躬的自然姿势,腰部前倾 15°,头部下倾 45°,两手握拳贴于双腿两侧。

跆拳道坐姿基本上采用盘腿坐,要求挺胸收颏,双手握拳在膝上。

1. 练习时的礼节

(1)练习者进入场地时,首先向老师敬礼。

(2)练习前双方应相互敬礼,练习后再次相互敬礼。

2．比赛开始前的礼节

（1）运动员依照主裁判"立正"、"敬礼"令，立正向裁判席行礼。

（2）运动员依主裁判"向左（向右）转"的口令，内转相对，立正站好，再依"敬礼"的口令，相互敬礼。

3．比赛结束后的礼节

（1）比赛结束时，运动员在各自的位置相对站立。

（2）运动员依主裁判"立正"、"敬礼"令，相互敬礼。

（3）运动员依主裁判"向左（向右）转"及"敬礼"的口令转向裁判员，向裁判员行礼。

五、跆拳道的特点与作用

1．跆拳道的特点

（1）手脚并用，以腿为主，以手为辅

跆拳道技术方法中占主导地位的是腿法，腿法技术在整体运用中约占 4/5，因为腿的长度和力量是人体中最长最大的，跆拳道理论认为，腿的力量远高于上肢的力量，而且手臂的灵活性很好，可以自如地控制完成防守和进攻动作，同时可以变化为拳、掌、肘、肩的多种用法，进行实战。

（2）方法简捷，刚直相向，直来直往

不论是在比赛时还是在格斗中，跆拳道的进攻方法都是十分简捷而有效的。对抗时双方都是直接接触，以简练的方法直接击打对方，速度快，变化多。进攻时都采用直线的连续进攻，防守时的动作也是以直接的格挡为主，讲究以硬抗硬，以快制快。

（3）内外兼修，功力测试方法独特

跆拳道理论认为，经过专门训练，人的关节部位能产生不可思议的威力，特别是拳、肘、膝和脚四个部位，尤以脚和手为甚。长期练习跆拳道，可以使人达到内外合一的程度，即内功和外力达到统一的巅峰。无法确定人体关节部位武器化的威力和潜力到底有多大，只有通过对木板、砖和瓦等物体的击打来测量验定练习者的功力水平。功力测验是跆拳道训练水平、晋级考试、表演和比赛的一个重要内容，以此显示出跆拳道独特的功法和特点。

2．跆拳道的作用

（1）修身养性，培养人优秀的意志品质

跆拳道是以技击格斗为核心，以修身养性为基础。跆拳道练习推崇"以礼始，以礼终"的尚武精神，练习中要以"礼义廉耻，忍耐克己，百折不屈"为宗旨，因此，可以培养人顽强果断、吃苦耐劳的精神，磨炼人坚韧不拔、积极向上的品质，养成人礼让谦逊、宽厚待人的美德，造就热爱祖国、勇于献身的思想，为国家练就具有优秀品质的建设者。

（2）改善和增强体质

跆拳道的技术动作是由全身协调配合，主要通过各种各样的腿法来表现。它能很好地促进人体的力量、速度、灵敏、耐力、协调等全面身体素质的发展，具有强身健体的作用。由于练习者在比赛和平时训练中要经常根据临场应变战术，或是快速进攻，或是主动后撤再反击，或是腾空劈腿，或是后踢接后旋踢，这对提高神经中枢的灵活性和支配各器官的能力起着良好的锻炼作用。

（3）观赏竞技，享受击打艺术的美德

跆拳道比赛或实战时，双方队员不仅要斗智斗勇，而且还要通过高超的技艺展示跆拳道技术动作的优势。尤其是跆拳道变化多端、尽现人体机能特点的腿法技术，在对抗中高来低往，表现得淋漓尽致，跆拳道选手轻松击破木板、砖瓦使人为之惊叹，不仅给人以美的享受，还能激发人的斗志，鼓舞人奋发向上的精神，陶冶人的道德情操，使人在欣赏跆拳道竞技比赛的同时，潜移默化地受到良好的意志品质教育，具有极高的观赏价值。

第二节　跆拳道组合技术

跆拳道组合技术，就是根据比赛中攻防情况的变化，将两个以上的动作组合在一起的连接技术。由于跆拳道比赛的日趋激烈，运动员的技术水平越来越接近，可能运动员在进攻的同时就要防守，或是在防守的同时就要反击。使用单个的技术，往往会被有经验的选手化解或反击，为了战胜对手，就必须在熟练掌握单个基本技术的基础上掌握一些组合技术，使对手在短时间内很难适应。当然这些组合技术也不是一成不变的，运动员在比赛中要根据场上的具体情况，灵活多变地运用组合技术，使对手摸不清自己技术动作的规律，借以达到出奇制胜的目的。

按攻防性质来划分，组合技术概括起来大致有五种类型：进攻＋防守（即先进攻再防守）、进攻＋进攻（即连续进攻）、进攻＋防守＋进攻（即主动进攻后立即防守反击）、进攻＋进攻＋防守（即连续进攻后再防守）、防守＋进攻（先防守再反击）。

以下是选编的跆拳道部分组合技术，也可根据临场情况和自身特点自己组合。

一、进攻技术—防守技术组合

进攻技术结合防守技术是先主动进攻，如果第一时间没有击打到对手，则立即使用防守技术以确保自己不失点。它要求使用者在进攻时速度要快，尽量使自己第一次的进攻能够有效击中目标得分。

1. 右（腿）横踢＋左（腿）后踢（如图 11-1 所示）

(a)

(b)　　　　　　　　(c)

图 11-1

2. 右劈腿＋左后踢（如图 11-2 所示）

(a)

(b)　　　　　　　　(c)

图 11-2

3. 左右双飞＋左后踢（如图 11-3 所示）

图 11-3

二、进攻技术—进攻技术组合

进攻技术结合进攻技术的特点是能够连续主动进攻，使对手陷于被动。如果在第一次进攻时没有击中对方，则应立即进行第二个进攻击打对方。在进攻者第一次击打时，防守者主要采用以下三种防守方式：第一，防守者快速后撤，否则很容易被反击；第二，防守者以较慢速度后撤，常立即转入进攻，此时进攻者的第二次进攻就起到了防守的作用，但要防备对方的击头动作；第三，防守者立即反击，使进攻者失点，此时进攻者的第二次进攻就能起到争取进攻机会的作用。

1. 右前横踢＋左横踢（如图 11-4 所示）

要求：① 第一个前横踢要真做，若是能直接得分，则一般应上前贴住对方；② 若是第一个前横踢假做，则主要是使对方后撤或换位后撤，再立即使用后腿横踢继续进攻得点。此时则应注意对方使用后踢、后旋踢动作。

2. 左劈腿＋右高横踢（如图 11-5 所示）

图 11-4

图 11-5

三、进攻技术—防守技术—进攻技术组合

这种组合技术的特点是先主动进攻,如果没有击打到对方,则立即使用防守技术进行防守;如果自己防守时受到对方进攻,则要立即转入进攻。它要求练习者在进攻时速度要快,尽量使自己第一次的进攻能够有效击中目标。如果此时防守者立即反击,进攻者则要快速转入防守。

1. 右横踢+右后踢+右横踢(如图 11-6 所示)

要求:① 第一个横踢要真做,若能直接得分,则一般应上前贴住对方;② 若是横踢没有得点,在对方反攻的一刹那,使用后踢阻击对方;③ 此时若后踢没有阻击上,则边转体边横踢。

2. 右横踢+左后旋踢+左横踢(如图 11-7 所示)

图 11-6

图 11-7

3. 左右双飞＋左后踢＋右横踢（如图 11-8 所示）

图 11-8

四、防守技术—进攻技术组合

防守组合技术的类型有两种:一是先使用防守技术,然后再立即转入进攻;二是在防守的同时使用进攻技术,也称为防守反击。在跆拳道比赛中,防守的方法有手臂格挡的方法,通过身体、脚步的移动进行闪躲的方法等。如果观察到对方是擅长主动进攻型的运动员,则可使用这种组合技术。

1. 左后踢+右横踢(如图 11-9 所示)

(a)　　　　　　　　(b)

图 11-9

要求:① 在对方进攻的一刹那,使用左腿后踢阻击对方;② 此时若后踢没有阻击上,则边转体边使用右腿横踢。

2. 右后踢+左右双飞(如图 11-10 所示)

(a)

(b)　　　　　　　(c)

图 11-10

3. 左后踢+左前横踢(如图 11-11 所示)

图 11-11

五、进攻技术—进攻技术—防守技术

这种组合技术的特点是能够连续主动进攻。比赛中,由于防守者后撤的速度比较快,进攻者第一次进攻往往落空,之后进攻者应立即使用第二个进攻动作来击打对方。这两个进攻技术动作一定要快速连贯,并且要有力度;由于此时防守者已转入进攻,则进攻者的第二次进攻对其自身就起到了防守作用;如果防守者再次后撤,接下来就会反击,因为他若不反击而连续后撤会使自己有被裁判判罚消极的可能。进攻者则要使用防守技术进行阻击,因为进攻者连续进攻后,也需要快速调整一下身体重心,否则会被对方乱中取胜。在跆拳道比赛中,如果观察到对方常用连续后撤的方法进行防守,则可使用这种组合技术。

1. 右横踢+左横踢+右后踢(如图 11-12 所示)

图 11-12

要求:① 第一个横踢要真做,若能直接得分,则应上前贴住对方。② 若第一个横踢没有得点,对方后撤,则应立即使用第二个横踢进攻得点。③ 若第二

个横踢没有得点,则要在对方反攻的一刹那,使用后踢阻击对方。④ 若第一个横踢做假动作,目的是为了诱使对方后撤,以便立即使用第二个横踢继续进攻得点,此时则应预防对方使用后踢、后旋踢反击。

图 11-13

2. 右前横踢＋右劈腿＋左后踢(如图 11-14 所示)

图 11-14

第三节　跆拳道品势

跆拳道品势(又称之为型)是以技击动作的攻防进退为素材,通过特定运动的规律变化而编排的整套练习形式,是进行跆拳道格斗对抗训练的基本训练形式和基础。它类似于中国武术运动中的套路练习,即将一定数量的动作串联编排起来而形成固定模式的套路。

跆拳道品势内容丰富而形式多样,基本品势有基本一式、基本二式、太极的一至八章和八卦的一至八式,高段品势(黑带品势)有高丽、金刚、太白、平原、十进、地跆、天拳、汉水、一如。通过品势练习,促进学生身体各部位的全面发展,达到强身健体、磨炼意志的目的,为将来的实战比赛打下良好的格斗对抗基础。

太极品势共有八章,是所有初学入门者必须学习与掌握的入段品势。其品势练习的路线与方向是按照阴阳五行八卦的图案与方位来进行的。它要求学生在练习中体会、理解人与天地自然的关系,共同品味跆拳道运动中所蕴藏的哲学理念。

在此主要介绍太极品势中的太极四章和太极五章。

一、太极四章

演武线路

(准备姿势)站于 A 方向位置[见演武线图 (11-15),以下文中字母,均参见相应的演武线图],两脚与肩同宽,自然站立,两手握拳屈臂于腹前,拳心向内,眼睛平视前方,见图 11-16。

(1) 左转身体,左脚迈向 B 成右后弓步,两拳变手刀,左手刀向左侧横截,手心向下,与肩齐(防左中段),右手刀置于胸前,手心向上,见图 11-17。

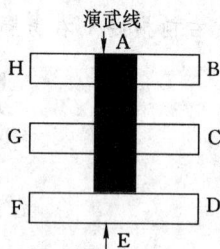

图 11-15

(2) 右脚向 B 迈进成右弓步,左臂屈肘左手下按(防对方前踢),右手刀成贯手向前插击,指尖朝前,见图 11-18。

(3) 以左脚为轴,身体右后转,同时右脚向 H 移步成左后弓步,右手刀向外横截,手心向下,高与肩齐,左手刀置于胸前,手心向上,见图 11-19。

(4) 左脚向 H 迈进成左弓步,右臂屈肘右手下按(防对方前踢),左手刀成贯手向前插击,指尖朝前,见图 11-20。

(5) 以右脚为轴,身体左转,同时左脚向 E 移步成左弓步,左臂屈肘上架,置于额前,右手刀向内横砍,手心向上(攻击对方颈部),见图 11-21。

图 11-16

图 11-17

图 11-18

图 11-19

图 11-20

图 11-21

（6）右脚前踢，两臂下截，置于体侧［图 11-22（a）］。右腿下落成右弓步，左拳前冲拳（攻中段），右拳回收腰侧［图 11-22（b）］。

（7）以右脚为轴，身体右转并侧倾，同时左腿向 E 侧踢，两臂置于体侧，见图 11-23。

（a）　　　（b）

图 11-22

图 11-23

(8) 左脚落下,以左脚为轴,身体左转并侧倾,同时右腿向 E 侧踢[图 11-24(a)],右脚落下成左后弓步,两拳变手刀,右手刀向外横截(攻中段),高与肩齐,左手刀置于胸前,手心向上[图 11-24(b)]。

(9) 以右脚为轴,身体左后转,同时左脚向 F 移步成右后弓步,左手刀变拳向外横截(防中段),拳心向下,右手刀变拳回收腰侧,见图 11-25。

图 11-24

图 11-25

(10) 右脚前踢[图 11-26(a)],然后下落成右后弓步,右臂屈肘向内横格(防中段),拳心向下,右手刀变拳回收腰侧[图 11-26(b)]。

(11) 身体右后转,同时右脚外转移向 D 成左后弓步,重心落在左脚,右臂屈肘向外横截,拳心向下(防右中段),见图 11-27。

图 11-26

图 11-27

(12) 左脚前踢[图 11-28(a)],左脚下落成左后弓步,左臂屈肘向内横格(防中段),拳心向上,右拳回收腰侧[图 11-28(b)]。

(13) 以右脚为轴,身体左转,左脚向 A 移步成左弓步,两拳变手刀。左手架于额前,右手刀向内横砍,手心向上(攻击对方颈部),见图 11-29。

(14) 右脚前踢,两手刀变拳,置于体侧[图 11-30(a)]。右脚下落成右弓步,右臂屈肘向内横格(攻上段),拳心向上,左拳回收腰侧[图 11-30(b)]。

(15) 以右脚为轴,身体左转,左脚向 G 移步成左前探步,左拳向里横格(防中段),右拳回收腰侧,见图 11-31。

(16) 两脚不动,右拳前冲拳(攻中段),左拳回收腰侧,见图 11-32。

(17) 身体右后转,面向 B 方向成右前探步,左臂屈肘外截(防中段),拳心向上,见图 11-33。

(a)　　　　(b)

图 11-28

图 11-29

(a)　　　　(b)

图 11-30

图 11-31

图 11-32

图 11-33

（18）两脚不动,左拳前冲拳（攻中段）,右拳回收腰侧,见图 11-34。

（19）以右脚为轴,身体左转,左脚向 A 成左弓步,左臂屈肘向内横格（防中段）,拳心向上［图 11-35（a）］。两脚不动,右拳前冲拳（攻中段）,左拳回收腰侧［图 11-35（b）］。然后左前冲拳（攻中段）,右拳回收腰侧［图 11-35（c）］。

（20）右脚向 A 移步成右弓步,右臂屈肘向内横格（防中段）,拳心向上。左拳回收腰侧［图 11-36（a）］。两脚不动,左拳前冲拳（攻中段）,右拳回收腰侧［图 11-36（b）］。然后右拳前冲拳（攻中段）,左拳回收腰侧［图 11-36（c）］。再次左拳前冲拳（攻中段）。右拳回收腰侧［图 11-36（d）］。

（收势）以右脚为轴,身体左后转,左脚向后撤与右脚平行,两手握拳屈臂于腹前成准备姿势,见图 11-37。

图 11-34

(a)　　　(b)　　　(c)

图 11-35

(a)　　(b)　　(c)　　(d)

图 11-36

图 11-37

二、太极五章图跆拳道

演武线路见图 11-15。

(准备姿势)站于 A 方向位置(见演武线图,以下文中字母,均参见相应的演武线图),两脚与肩同宽,自然站立,两手握拳屈臂于腹前,拳心向内,眼睛平视前方,见图 11-38。

(1)左转身体,左脚迈向 B 成左弓步,左拳下截(防左下段),右拳回收腰侧,见图 11-39。

图 11-38

图 11-39

(2)右转身体向 E,同时左脚回撤与右脚平行成左前探步,目视 B 方向,左臂由内向外呈圆弧摆动,与肩同高,拳眼向上,见图 11-40。

(3)身体右转,同时右脚向 H 移步成右弓步,右拳下截(防右下段),左拳回收腰侧,见图 11-41。

图 11-40

图 11-41

（4）左转身体向 E，同时右脚回撤与左脚平行成右前探步，目视 H 方向，右臂由内向外呈圆弧摆动，与肩同高，拳眼向上，见图 11-42。

（5）右脚不动，左脚向 E 移步成左弓步，左拳由外向内横格（防中段），拳心向上，右拳回收腰侧[图 11-43（a）]；再用右拳由外向内横格（防中段），拳心向上，左拳回收腰侧[图 11-43（b）]。

图 11-42

(a)　　(b)

图 11-43

（6）右脚前踢，两臂置于体侧[图 11-44（a）]。右腿下落成右弓步，右拳由外向内横格（防中段），拳心向上[图 11-44（b）]，然后左拳由外向内横格（防中段），拳心向上，右拳回收腰侧[图 11-44（c）]。

（7）左腿前踢，两臂置于体侧[图 11-45（a）]。左腿下落成左弓步，左拳由外向内横格（防中段），拳心向上[图 11-45（b）]，然后右拳由外向内横格（防中段），拳心向上，左拳回收腰侧[图 11-45（c）]。

(a)　　(b)　　(c)

图 11-44

(a)　　(b)　　(c)

图 11-45

（8）右脚向 E 移步成右弓步,右拳由下向上(上钩拳)发力(攻上段),左拳回收腰侧,见图 11-46。

（9）以右脚为轴,身体左后转,同时左脚向 F 移步成右后弓步,左拳变手刀向外横截(攻中段),右拳回收腰侧,见图 11-47。

图 11-46   图 11-47

（10）右脚向 F 移步成右弓步,右臂屈肘用肘尖由外向内横击,左手顶于右拳面,见图 11-48。

（11）以左脚为轴,身体右后转,右脚向 D 移步成右后弓步,右拳变手刀向外横截(攻中段),左拳回收腰侧,见图 11-49。

图 11-48   图 11-49

（12）左脚向 D 移步成左弓步,左臂屈肘用肘尖由外向内横击,右手顶于左拳面,见图 11-50。

（13）以右脚为轴,身体左转,左脚向 A 移步成左弓步,左拳下截,右拳回收腰侧[图 11-51(a)]。再用右拳由外向内横格,拳心向上,左拳回收腰侧[图 11-51(b)]。

图 11-50   (a)   (b)
                            图 11-51

（14）右脚前踢，两拳置于体侧[图 11-52(a)]。右脚下落成右弓步，右拳下截，左拳回收腰侧[图 11-52(b)]。再用左拳由外向内横格，拳心向上，右拳回收腰侧[图 11-52(c)]。

（15）以右脚为轴，身体左转，左脚向 H 移步成左前探步，左臂屈肘置于额前（防上段），见图 11-53。

(a)　　　(b)　　　(c)

图 11-52　　　　　　　　　　　　　　图 11-53

（16）身体左转，右腿侧踢[图 11-54(a)]，右脚下落成右弓步，左臂屈肘用肘尖由外向内横击，右手顶于左拳面[图 11-54(a)]。

（17）以左脚为轴，身体右后转，右脚向 B 移步成右前探步，右臂屈肘上架，置于额前（防上段），右拳回收腰侧，见图 11-55。

(a)　　　　(b)

图 1-54　　　　　　　　　　　　　　图 1-55

（18）身体右转，左腿侧踢[图 11-56(a)]，左脚下落成左弓步，右臂屈肘用肘尖由外向内横击，左手顶于右拳面[图 11-56(b)]。

（19）以右脚为轴，身体左转，左脚向 A 移步成左弓步，左拳下截，右拳回收腰侧[图 11-57(a)]。再用右拳由外向内横格（防中段），拳心向上，左拳回收腰侧[图 11-57(b)]。

（20）右脚前踢，两拳置于体侧[图 11-58(a)]。右脚下落，左脚向右脚后侧上步，脚尖落地，成交叉步；右拳由下向上（上钩拳）发力（攻上段），左拳回收腰侧[图 11-58(b)]。

（收势）以右脚为轴，身体左后转，左脚向后撤与右脚平行，两手握拳屈臂于腹前成准备姿势,见图11-59。

图 1-56

图 1-57

图 1-58

图 1-59

第十二章　大众健美操

第一节　大众健美操概述

一、大众健美操的概念

大众健美操又称健身健美操,它是一项融合了舞蹈、体操,在音乐伴奏下进行的以身体练习为主要手段,以健、力、美为特征,以健身、健美、健心为目的的有氧运动项目。

大众健美操是现代体育新兴项目,传入我国后以其特有的艺术魅力和生命力深受人民群众喜爱,激发了人们不断完善自我、追求自我的愿望。

大众健美操既是一种大众健身方式,又是一个竞技运动项目。它的动作简单流畅,在编排上多以重复、对称的形式出现,音乐节奏可根据参与者的健康状况和接受能力进行控制。

二、大众健美操的分类与特点

大众健美操根据不同形式、不同需要、不同特征可以分为许多种类,见表12-1。

表 12-1　　　　　　　　　　大众健美操的分类

有氧健身操	踏板健美操	水中健美操
形体健美操	哑铃健美操	固定机械健美操
爵士健美操	健身绳操	
搏击健美操	健身球操	
拉丁健美操	健身棒操	
瑜伽健美操	皮筋操	
健身街舞		

三、大众健美操的特点

与其他运动项目相比,大众健美操具有科学健身性、艺术感染性、娱乐休闲性、广泛适应性等特点。

（一）科学健身性

大众健美操以有氧运动为基础，在动作设计上保证健身者以中小运动强度的有氧代谢为主，能够最大限度地摄入氧气，加快体内新陈代谢，提高心肺功能，消除体内多余脂肪，改善身体形态，健身美体。

（二）艺术感染性

大众健美操将健、力、美完美结合，展现出积极热情的艺术魅力，具有强烈的观赏性，人们可以从中感受健康之美。其动作内容丰富，种类繁多，体现现代时尚气息，让观者充满活力，富有激情。

（三）娱乐休闲性

娱乐休闲性也是大众健美操不可忽视的特点。在富有节奏感的音乐伴奏下，参与者在进行练习时，不仅可以从中感受到运动的快乐，解除一天的疲劳，还可以与朋友进行交流沟通，是一种集锻炼与娱乐休闲为一体的健身项目。

（四）广泛适应性

由于大众健美操对场地和设施的要求不高，适宜在各种开阔平整的场地进行练习，而且只要有音乐伴奏就能进行，这样就使得大众健美操能在大范围内广泛开展。另外，大众健美操对参与者的身体机能要求也不高，适合各种年龄层次的人作为终身健身方式。

第二节 大众健美操基本术语

一、大众健美操术语概念

术语是各门学科的专门用语。大众健美操术语是用来描述健美操动作的专门术语。它是随着大众健美操运动的发展而同步发展起来的。大众健美操术语的规范与正确运用有利于大众健美操教学训练、交流。

二、基本方位术语

（一）基本方位术语

为描述人在运动场地上所处的方位，大众健美操借鉴舞蹈中的术语，把开始确定的一面（主席台、裁判席等）定为基本方位的"1"点，按顺时针方向，每转45°为一个基本方位，共分为8个方位，即1、2、3、4、5、6、7、8点。1点为正前方，5点为正后方，2点为右前方，6点为左后方，3点为正右方，7点为正左方，4点为右后方，8点为左前方。

（二）运动方向术语

运动方向术语一般以人体直立时基本方位为基础参考点。

向前：进行动作中胸部所对的方向。

向后:进行动作时背部所对的方向。

向侧:进行动作时一侧肩所对的方向。

向上:进行动作时头顶所对的方向。

向下:进行动作时脚底所对的方向。

斜方向:三个互成 90°的基本方向之间的方向。

顺时针:转动方向与时针运动方向相同。

逆时针:转动方向与时针运动方向相反。

（三）动作之间相互关系术语

动作之间相互关系术语是表达动作之间联系的用语。

同时:强调身体不同部位在同一时间内完成动作。

依次:对称性肢体或不同个体相继完成同性质动作。

交替:不同肢体或不同动作反复进行。

接:两个单独动作之间强调连续完成。

经:强调某一个动作过程经过某一个特定部位。

由:指动作开始进行之前身体某部位的位置。

至:用来描述动作所须到达的某一特定部位。

成:用来描述动作结束时身体各部位的姿态。

（四）动作方法术语

举:臂或腿由低向高在 180°移动范围内移动并固定在某一方位上的动作。

屈:使身体某一关节角度缩小的动作。

伸:使身体某一关节角度扩大的动作。

摆:臂或腿在某一平面内,自然地由某一部位匀速运动到另一部位的动作。

振:臂或上体做弹性屈伸或加速摆的动作。

踢:一腿站立,另一腿由低到高做加速有力的摆动动作。

绕:身体某部位做 180°～360°之间的弧形移动动作。

绕环:身体某部位做 360°或 360°以上的弧形移动动作。

转体:身体绕纵轴转动的动作。

平衡:一腿站立,另一腿高举,身体保持一定静止时间的动作。

第三节　大众健美操基本动作

　　大众健美操虽然种类繁多,具体套路也多样灵活,但其动作创编都是由一些基本动作组成的。

一、大众健美操基本动作概念

所谓大众健美操基本动作是指那些具有代表性的典型动作，它是大众健美操的基础源泉。

二、大众健美操基本动作内容

（一）下肢动作

下肢动作是大众健美操动作主要组成部分，按其动作形式分为无冲击力动作、低冲击力动作、高冲击力动作三种。

1. 无冲击力动作

无冲击力动作见表 12-2。

表 12-2

动作名称	动作描述
弹动	膝关节有弹性地屈伸
半蹲	两腿分开稍大于肩或并拢，脚尖稍外开屈膝
弓步	一腿迈步屈膝，另一腿伸直
箭步蹲	一腿向前一步屈膝，另一腿屈膝，大腿垂直地面
提踵	前脚掌落地，脚跟向上提起，然后还原

2. 低冲击力动作

低冲击力动作见表 12-3。

表 12-3

动作名称	动作描述
踏步	两腿在原地依次抬起和落地
一字步	向前一步，后脚并前脚，然后向后一步，前脚并后脚
V 字步	一脚向斜前方迈一步，另一脚随之向另一斜前方迈一步，两腿屈膝半蹲，运动轨迹成 V 字形，再依次退回到原位
漫步	一脚向前或向侧迈出一步，屈膝缓冲，重心前移，另一脚稍抬起后落下，重心后移，前脚稍抬起后落下
小漫步	以右脚为例，右脚向左前做二分之一漫步还原，然后左脚再向右前方再做二分之一漫步还原
桑巴步	以右脚为例，右脚向右踏一步，左脚向右脚后做二分之一漫步，然后左脚向左踏一步，右脚向左脚后做一个二分之一漫步

动作名称	动作描述
恰恰步	一脚前迈一步,后半拍另一脚在前脚后方快速跟进一步或跳并步,然后前脚再向前一步
三步抬膝	以右脚为例,右脚起向前(后)走三步,左脚吸腿
并步	一脚先迈出一步,同时向右侧迈一步,另一脚做点、抬、并等动作
交叉步	一脚向侧迈一步,另一脚在后交叉,随之一脚再向侧迈一步,另一脚并拢
迈步后屈腿	一脚向侧迈一步,膝稍屈曲,然后另一腿小腿后屈
吸腿	一腿屈膝上抬,另一腿微屈缓冲
迈步吸腿	一脚向前或向侧迈一步,另一腿屈抬至水平,然后还原
滑步	一脚向侧迈一大步屈膝站立,另一脚侧点地滑行至屈膝脚,上体稍侧屈
迈步前踢腿	一脚向前迈一步,另一脚向前下弹踢,然后两脚依次还原
迈步侧踢腿	以右脚为例,右脚迈一步,左脚向左侧踢出,然后可接反方向
点地	一脚稍屈膝站立,一腿向前、侧、后点地,还原
摆腿	一脚站立,另一腿自然抬起,然后还原成并腿
踢腿	一腿站立,另一腿加速上摆

3. 高冲击力动作

高冲击力动作见表 12-4。

表 12-4

动作名称	动作描述
并步跳	以右脚为例,右脚迈一步同时蹬地起跳,左脚并与右脚,两脚同时落地
上步吸脚跳	一脚迈一步同时蹬地起跳,另一脚吸起,单脚落地
开合跳	两腿由并腿跳成左右分腿落地,然后再分腿跳起并腿落地
并腿纵跳	两腿并拢稍屈曲起跳,腾空两腿伸直,两腿同时下落
弓步跳	两腿并拢起跳落成一腿在前一腿在后的弓步或半侧面的弓步
弹踢腿跳	一脚跳起,另一腿经屈膝伸直
小马跳	以右脚为例,右脚抬起,左脚蹬离地面跳起向侧跳一小步,右、左脚依次落地后成小跳,至右脚站立,左脚前脚掌点地
钟摆跳	一腿直腿向侧摆起同时另一脚起跳后落地时,另一腿摆起,两腿像钟摆一样来回摆动

（二）上肢动作

大众健美操常用的上肢动作有自然屈臂摆动、冲拳、屈臂提拉、直臂提拉、推、振、环绕、交叉。

第四节　大众健美操示范套路

大众健美操动作灵活多变，有些与时尚运动项目的动作特征与技法进行结合，形成了动作的特殊风格。例如有氧搏击操以及拉拉队表演。

一、有氧搏击操

有氧搏击操是以有氧健身操为基础，结合了拳击、空手道、自由搏击、跆拳道等项目的技术动作，再音乐配合下形成风格独特的套路。它可以提高练习者的动作灵活性、柔韧性，使人体各系统得到锻炼，强健体魄。

成套动作：

（一）组合一（四个八拍）

1. 第一个八拍

预备姿势　　　　　　　1~2　　　　　　　3~4

5~6　　　　　　　7~8

动作说明：1～8拍始终保持双脚开立。

1～2拍双臂斜侧下举。

3～4拍双臂从两侧绕至斜上举。

5～6拍双臂绕至上举。

7～8拍双手收回成握拳与下颚平。

2. 第二个八拍

动作说明：1拍右手直拳出拳，重心左移。

176

2拍收回拳，重心移回两脚之间。

3～4拍与1～2拍动作相同，方向相反。

5～8拍与1～4拍动作相同。

| 1, 5 | 2, 4, 6, 8 | 3, 7 |

3. 第三个八拍

| 1, 5 | 2, 4, 6, 8 | 3, 7 |

动作说明：1拍右手钩拳出拳，重心左移。

2拍收回拳，重心移回两脚之间。

3～4拍与1～2拍动作相同，方向相反。

5～8拍与1～4拍动作相同。

4. 第四个八拍

| 1, 3 | 2, 4, 6, 8 | 5, 7 |

动作说明：1 拍吸右腿，双臂后摆。

　　　　　　2 拍右脚收回，双臂胸前握拳。

　　　　　　3～4 拍与 1～2 拍动作相同。

　　　　　　5～8 拍与 1～4 拍动作相同，方向相反。

（二）组合二（四个八拍）

1. 第一个八拍

1~2　　　　3~4　　　　5~6

7　　　　　　　8

动作说明：1～2 前手直拳 2 次。

　　　　　　3～4 后手直拳。

　　　　　　5～6 右腿上步，左腿直顶膝。

　　　　　　7 左脚落地，双臂向下体前交叉。

　　　　　　8 跳起成右战站姿。

2. 第二个八拍

1、3、5、7　　　　　2、4、6、8

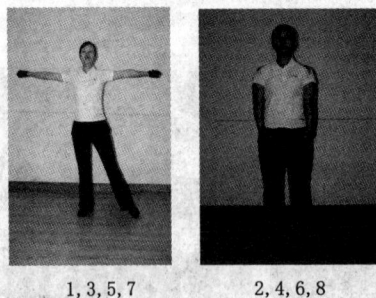

动作说明：右脚侧并步 4 次，屈肘侧平举。

3. 第三个八拍

动作说明：1～2 左手前手拳。

3～4 右手直拳。

| 1 | 2,4 | 3 | 5 |

| 6 | 7 | 8 |

5～6 右手摆拳。

7～8 抬左膝。

4. 第四个八拍

| 1,3,5,7 | 2,4,6 | 8 |

动作说明：左右后屈四次加转 360°屈肘侧平举，先向左。

二、拉拉队表演

拉拉队表演是在音乐衬托下，通过队员的身体舞蹈动作，展示青春活力和健康向上的精神状态。

成套动作：

（一）组合一（四个八拍）

1．第一个八拍

预备　　　　　　1~2　　　　　　3~4

5-6　　　　　　7-8

动作说明：1～2 两手持球斜上举。

3～4 两脚跳成左右开立，两手持球斜下举。

5～6 左脚弓步，右脚跪立，膝关节撑地。

7～8 起立还原，两手放于体侧。

2．第二个八拍

1　　　　　　2，4　　　　　　3　　　　　　5

6　　　　　　7　　　　　　8

动作说明:1 右脚向前一步跳成弓步,两手持球上举。

2 还原成直立预备动作。

3 左脚向前一步跳成左弓步,两手前平举。

4 同 2。

5 右脚向侧一步,脚尖点地,膝关节向内微屈,左脚屈膝,左肩耸起,右肩向下沉肩,两手斜下举。

6 与 5 动作相同,方向相反。

7 两脚还原成直立,两手持球于胸前击球,左肩上,右肩下。

8 还原成预备动作。

3. 第三个八拍

1~2　　　　3,4,6,8　　　　5　　　　7

动作说明:1~2 左脚跳起侧踢,两手持球侧平举。

3~4 还原成预备姿势。

5 右脚吸腿,左手持球上举,右手持球前平举。

6 还原成预备姿势。

7 左脚向前上大踢腿,手不动。

8 同 6。

4. 第四个八拍

动作说明:1 右脚向侧一步,左臂侧平举向上屈臂,右手侧平举。

2 左脚并右脚点地,两臂前屈。

3 开合跳,两臂斜下举。

4 两脚收回,两臂胸前屈臂交叉。

5 右脚左前脚尖点地,两臂斜下举。

6 右脚落地,左脚左侧一步,脚尖点地,两臂向下振臂一次。

7 两脚跳回,两臂斜下举。

8 左腿吸腿跳，两臂上举。

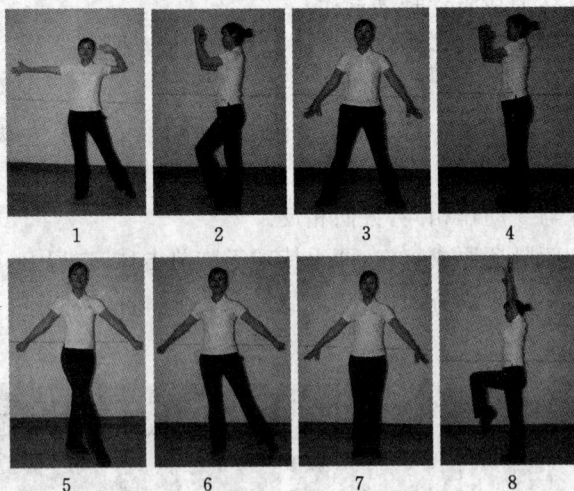

(二) 组合二(四个八拍)

1. 第一个八拍

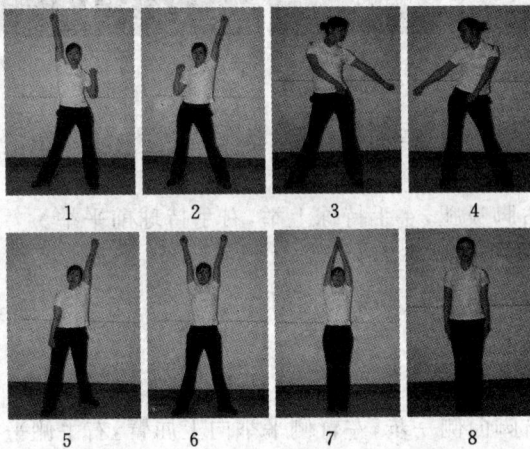

动作说明：1 右脚向侧一步，向左摆髋，左臂向下屈臂，右臂上举。

　　　　　2 脚不动，向右摆髋一次，右臂向下屈臂，左臂上举。

　　　　　3 脚不动，向左摆髋。

　　　　　4 与3动作相同，方向相反。

　　　　　5 左脚向左后一步，左手经体前向上绕至斜上举。

6 右脚向右后一步,右手经体前向上绕至斜上举。

7 两脚跳回并拢,双手头上击掌。

8 还原成准备姿势。

2. 第二个八拍

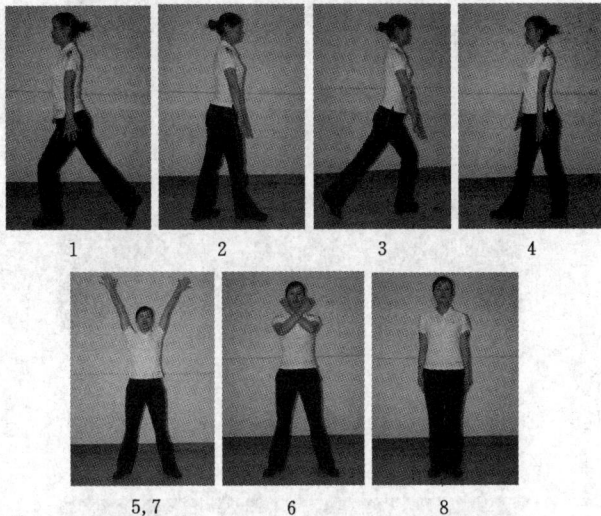

动作说明:1 左脚向前一步成弓步,双手持球由体前交叉向外画开成斜下举。

2 右转 180°。

3 与 1 动作相同。

4 右转 180°。

5 开合跳,两手持球斜上举。

6 跳回,双手持球屈臂胸前交叉。

7 同 5。

8 还原成准备姿势。

3. 第三个八拍

动作说明:1 跳起左脚脚尖侧点地,两手叉腰。

2 与 1 动作相同,方向相反。

3～4 半蹲,低头含胸,两臂收于膝关节。

5～6 起立,左摆髋一次,两手斜举偏向左侧,眼看左方。

7 开合跳,两手持球侧平举。

8 还原成预备姿势。

| 1 | 2 | 3~4 |

| 5~6 | 7 | 8 |

4. 第四个八拍

动作说明:1～2 两腿开合,低头向前弯腰,两手触地。

3～4 跳回并脚,两手斜上举。

| 1~2 | 3~4 | 5 |

| 6,8 | 7 |

5 左脚左侧一步,左手侧平举,右手放于体侧。

6 还原成准备姿势。

7 与 5 动作相同,方向相反。

8 同 6。

第十三章 形体训练

第一节 形体训练概述

一、形体训练的概念

形体训练是以体现健、力、美为目标,通过各种身体练习,锻炼肌肉,美化身体形态,以健美为基本内容的形体素质练习。

人对形体美的追求是在物质生活条件得以极大提高的基础上发展而来的一种审美需要,是社会兴旺发达的标志。人体形体美包括强壮的体魄、健美的体型、良好的姿态、高雅的气质和风度等。

二、形体训练的特点

形体是人体姿态和体型的外在表现,是一门人体艺术。形体训练不仅使人拥有健康,还能获得形体美。在现代生活中,由于社会交往等因素,人们对于形体美的要求越来越高,越来越重视。

1. 内容多样化

根据不同的年龄层次、不同的性别、不同的练习目的、不同的训练形式,形体训练的内容十分丰富。有用于强身健体的健美型训练,有用于治疗疾病的康复练习,有集体练习,也有单人或者双人练习。

2. 艺术性和优美性

形体训练是一项追求人体身心美的艺术运动,音乐是其灵魂所在。根据不同的音乐风格可以创编出不同风格和形式的形体训练动作。音乐与动作相结合,极具感染力,展示了人体生动、柔和的线条,协调、韵律、优美,构成完美艺术整体。

3. 普及性

形体训练动作简单,练习形式简便,对场地、器材要求也不高。因此,不同年龄层次的人亦可根据自身条件选择适合自己的练习方式和内容,所以深受人们喜爱,易于推广。

三、形体训练的作用

1. 增强体质

形体训练通过其特有的内容,不仅全面锻炼身体,增进健康,提高骨骼的抗拉、抗压、抗扭的能力,促进骨骼的生长、发育,燃烧体内多余脂肪。对形成正确的身体姿势作用明显,还可以提高人体呼吸系统和消化系统的机能。

2. 塑造形体

通过系统地进行形体训练,可以达到改善身体的外形和姿态,从而表现出身体挺拔、仪态端庄、肌肉线条优美等特点。

3. 陶冶情操

进行形体训练时,优美而富有节奏的音乐,具有烘托气氛、激发人们对音乐的理解与热情的作用。动作与音乐的配合使形体训练整个过程更具感染力和观赏性。

第二节 形体素质训练及要求

一、形体基本素质训练

（一）上肢基本姿势训练

上肢基本动作是形体训练的重点之一。它是以肩、肩关节、腕关节以及手部各关节的活动来表现的。通过各种上肢摆动、绕环和波浪等完成复杂多变的动作,提升造型美。

1. 手臂上举练习

预备姿势:立正,两手自然下垂。

动作方法:

第1拍:两手侧平举。

第2拍:左脚向侧一步与肩同宽,同时两臂经上向内绕环至侧平举。

第3拍:左脚向右脚并拢,同时两臂上举。

第4拍:还原。

第5～8拍:与1～4拍动作相同,方向相反。

2. 手臂绕环

预备姿势:两脚并拢,两臂自然放于体侧。

动作方法:

第1～4拍:左手向前,右手向后绕环摆动。

第5～8拍:与1～4拍动作相同。

3. 手臂波浪练习

预备姿势:两脚并拢,两臂自然放于体侧。

动作方法:

第1～2拍:头向左看,左手高,右手低,左臂做波浪一次。

第3～4拍:与第1～2拍动作相同,方向相反。

第5～6拍:双臂同时做波浪一次。

第7～8拍:同第5～6拍动作。

4. 屈、伸肘练习

预备姿势:两脚打开与肩等宽,身体直立,两臂自然下垂。

动作方法:

第1拍:双手握拳前平举,拳心向下。

第2拍:两臂小臂向内弯曲与大臂成90°,肘关节抬起与肩持平。

第3拍:两臂小臂向下还原成第1拍动作。

第4拍:两臂侧平举,拳心向下。

第5～8拍:重复第1～4拍动作。

（二）下肢练习

通过下肢练习,能够增强腿部肌肉的力量及关节灵活性,使腿部更加修长。下肢形体训练一般包括如下几个方面的练习。

1. 正压腿练习

预备姿势:身体正对肋木把腿放上,髋部后坐,臀部要平,支撑腿与地面垂直,膝关节伸直。

动作方法:

第1～2拍:上身用力慢慢向前移动,使被压腿成一条直线,被压腿脚尖向上,并有意识地向回钩扣。

第3～4拍:还原成预备姿势。

第5～8拍:同第1～4拍的动作。

2. 后压腿练习

预备姿势:身体背向肋木,把腿向后抬起放在肋木上,支撑腿与地面垂直,膝关节伸直。

动作方法:

第1～2拍:支撑腿下蹲,上身向后压,使髋关节尽量向后伸。

第3～4拍:还原成预备姿势。

第5～8拍:同第1～4拍的动作。

（三）躯干姿势练习

躯干动作是完成各种动作的关键。通过躯干与上肢、下肢的协调配合,可以完成各种形体动作,从而具有曲线美与艺术感。躯干练习还能促使人体胸椎充分伸展,增加脊柱弹性。它主要包括如下几个方面的练习。

1. 上体前屈与后屈练习

预备姿势:两脚打开与肩等宽,两臂自然放于体侧。

动作方法:

第1~4拍:胸部挺直,上体向前弯曲与大腿成90°。

第5~8拍:上体尽量向后弯曲。

2. 上体侧屈练习

预备姿势:两脚打开与肩同宽,两臂自然放于体侧。

动作方法:

第1~4拍:上体自然挺直,尽量向侧弯曲。

第5~8拍:与第1~4拍动作相同,方向相反。

3. 躯干绕环练习

预备姿势:两脚打开与肩等宽,两臂自然放于体侧。

动作方法:

第1拍:上体前屈与大腿成90°。

第2拍:上体向侧移成上体侧屈。

第3拍:上体尽量向后屈。

第4拍:与第2拍动作相同,方向相反。

第5~8拍:与第1~4拍动作相同,方向相反。

二、形体训练动作组合

在物质生活不断提高的生活条件下,人们对自身的完美的追求热情越来越高,对于姿态美越来越重视。通过科学系统的训练,不仅可以美化形体,愉悦身心,还可以强身健体。所以在基本素质训练的基础上,科学地进行综合组合训练能全面地发展形体素质、塑造形体美。

综合组合练习主要是通过上肢、下肢、躯干各部位动作协调配合来提高练习者的柔韧性及姿态表现意识,培养正确的体态。

预备动作:规范的站立姿势。

组合一:

第一个八拍:

动作方法:

第1~2拍左腿直立右脚点地,双臂放于体侧,尽量延长双臂。

第3~4拍头部慢慢向上抬起,展胸。

第5~8拍上体放松,低头含胸至腿前。

1~2   3~4   5~8

第二个八拍：

1~4   5~8

动作方法：

第1～4拍双腿平开，手臂在水平方向上向身体后方伸展。

第5～8拍左腿支撑，右腿收至左腿旁，双臂经两侧向前合手，含胸、低头。

第三个八拍：

1~2   3~4   5~8

动作方法：

第1～2拍：右脚尖向后点地，两臂前举，抬头展胸。

第3～4拍：重心移到右脚，左脚尖点地，两臂摆至侧举。

第5～8拍：向前并步移重心一次，两臂经前向后绕至前举。

第四个八拍：

动作方法：

第1～2拍：两脚左右开立，双手摸肩向内绕环2次。

第 3 拍:右脚左前点地,左腿微屈,左手斜下举,右手斜上举。

第 4 拍:右腿向后抬起,左腿伸直,左手斜上举,右手侧平举。

第 5 拍:左手不动,右手斜下屈肘,同时收回右脚于左脚前成歇步。

1~2   3   4

5,7   6   8

第 6 拍:右手伸直,左臂屈肘。

第 7 拍:同第 5 拍。

第 8 拍:还原成准备姿势。

第五个八拍与第四个八拍动作相同,方向相反。

1~4

5~8

第六个八拍:

动作方法:

第 1~4 拍:两腿屈膝半蹲,向右足尖碎步,右腿屈膝半蹲。

第 5～8 拍:原地足尖碎步,两臂侧举波浪 2 次还原成准备姿势。

第七个八拍:

1~2　　　3　　　4

5~6　　　　7~8

动作方法:

第 1～2 拍:右脚向左交叉一步,提踵开立,两臂前后自然摆动至侧举。

第 3～4 拍:右脚向后交叉提踵立,两臂前后摆动至侧举。

第 5～6 拍:左腿屈膝半蹲,右腿前吸,两臂头顶交叉上举。

第 7～8 拍:右脚向前一步,两臂侧上举。

第八个八拍:

1　　　3　　　4　　　5

6　　　7　　　8

动作方法：
第1拍：右脚前点地，右手从前往后绕手，同时拧腰，左手自然下垂。
第2拍：换左手，与第1拍动作相同。
第3拍：右脚向侧一步成弓步，左手从右斜上方伸出。
第4拍：脚不变，左手下沉，压住腰，右手往后上方伸出。
第5拍：重心移至左脚成左弓步，右手从左斜上方伸出。
第6拍：两脚前后开立屈膝蹲下，重心在前脚，双手胸前交叉。
第7拍：重心移至两脚之间，两腿伸直，两臂上举。
第8拍：还原成直立。

第十四章 瑜　伽

第一节　瑜　伽　概　述

一、瑜伽简介

"瑜伽"这个词,是从印度梵语 yug 或 yuj 而来,其含义为"一致"、"结合"或"和谐"。瑜伽是一个通过提升意识,帮助人们充分发挥潜能的哲学体系及其指导下的运动体系。瑜伽姿势是一个运用古老而易于掌握的方法,提高人们生理、心理、情感和精神方面的能力,达到身体、心灵与精神和谐统一的运动形式。古印度人更相信人可以天人合一,他们以不同的瑜伽修炼方法融入日常生活并奉行不渝:道德、忘我的动作、理性的大脑、宗教性的责任、无欲无求、冥想和宇宙的自然与创造。

近年在世界多个不同地方流行的瑜伽,不只是一套流行或时髦的健身运动这么简单。瑜伽是一个非常古老的能量知识修炼方法,集哲学、科学和艺术于一身。瑜伽的基础建筑在古印度哲学上,数千年来,心理、生理和精神上的戒律已经成为印度文化中的一个重要组成部分。古代的瑜伽信徒发展了瑜伽体系,因为他们深信通过运动身体和调控呼吸,可以控制心智和情感,可以保持永远健康的身体。

二、瑜伽的起源

在很久以前,印度高僧们为追求进入天人合一的最高境界,经常僻居原始森林,静坐冥想。在长时间单纯生活之后,高僧们从观察生物中体悟了不少大自然法则,再将生物的生存法则,验证到人的身上,逐步地去感应身体内部的微妙变化,于是人类懂得了和自己的身体对话,从而知道探索自己的身体,开始进行健康的维护和调理,以及对疾病创痛的医治本能。几千年的钻研归纳下来,逐步衍化出一套理论完整、确切实用的养身健身体系,这就是瑜伽。

三、瑜伽的含义

瑜伽的含义为"结合"、"平衡"、"统一",不仅是知性的、感性的,而且要理性地去实践"它",瑜伽是让我们去身体力行的运动。

考古学家曾在印度河流域发掘到一件保存完好的陶器,上面描绘着瑜伽人物冥想时的形态,这件陶器距今至少已有五千年的历史了,可见瑜伽的历史可以追溯到更久远的年代。

再简单一点来说,瑜伽是生理上的动态运动及心灵上的练习,也是应用在每天的生活哲学。瑜伽的最终目标就是能控制自己,能驾驭肉身感官,以及能驯服似乎永无休止的内心。感官的集中点就是心意,能够驾驭心意,即代表能够驾驭感官;通过把感官、身体与有意识的呼吸相配合来实现对身体的控制。这些技巧不仅对肌肉和骨骼的锻炼有益,也能强化神经系统、内分泌腺体和主要器官的功能,通过激发人体潜在能量来促进身体健康。

人体的神经系统、内分泌腺体和主要器官的状况决定着一个人的健康程度。有规律的瑜伽练习有助于消除心理紧张,缓解由于疏忽身体健康或提早衰老而造成的体能下降。因此练习瑜伽能保持活力,令思路清晰。

四、瑜伽和印度哲学

瑜伽已有数千年的历史,唯一的经典是源自公元前两百年的著名瑜伽行者(YOGI)帕坛伽利(音译)所著的《瑜伽经》(瑜伽的重要理论著作)。严格来说,瑜伽是一种身心锻炼的统称,好比中国讲返本归源、导引等,瑜伽在印度也是一个身心修炼的通泛名词。有一段时期进行各种身心修炼的人不管任何派别,都被尊称为瑜伽士(Yogi,女性为 Yogini)。

古印度的宗教哲学派别林立,不过有两本著作被大多数印度人尊为经典,一是《奥义书》,二为《博伽梵歌》。古印度婆罗门教提倡"梵我一如"理论,由于印度教的普及,加上另一位有名的瑜伽祖师同时也是印度教祖师商卡拉的影响,这两本书也被往后大多数的瑜伽士奉为经典。瑜伽术本是一种身心修持术,与宗教无关,也可以说古印度任何宗教都采用。它的最高目的是实现人的一切可能,从精神(小我)与自然(梵,大我,最高意识)的合一(即"梵我一如"),一直到成佛成仙,或者其他教派所说的最高目的,瑜伽术都是被认可的途径之一。

印度古语有云:世上有两种超越太阳轨道(获得永恒)的方式:

(1) 在瑜伽中离弃世间;

(2) 在战场上委弃身体。

这其实与中国传统价值观有所契合,例如道教的"功德成神"说与儒家的"忠烈祠"信仰。它是一种个人价值观及人生观的体现;用一种特定的肢体姿势回归大自然,充分享受最原始的冥想乐趣。向万物展示自我的存在,在虚无的冥想境界中达到身心的永恒。

第二节 瑜伽入门

一、瑜伽的分类

瑜伽相对而言可分为智瑜伽、业瑜伽、信仰瑜伽、哈他瑜伽、王瑜伽、昆达里尼瑜伽六大类,还有一些瑜伽体系并不占有主流,所以在此不进行介绍。

按照瑜伽的真正意义是不可分的,因为不管如何的一种瑜伽,对于修习者来说都是通往精神世界的工具,使用的工具不同,方法自然有许多出处。只是现代人总是希望强调自己的工具特别的好,所以不知不觉中就开始排斥其他的工具,这种思想最后影响了更多的人,在这里进行区分,只是希望大家能够更好地明白瑜伽具有的特点,这些特点使它格外生动,希望大家不要特别注意某一种方法而忽视了更为重要的东西。

智瑜伽提倡培养知识理念,从无明中解脱出来,达到神圣知识,以期待与梵合一。智瑜伽认为,知识有低等和高等之别。寻常人所说的知识仅仅局限于生命和物质的外在表现。这种低等知识可以通过直接或间接的途径获得。然而智瑜伽所寻求的知识,则要求瑜伽者转眼内向,透过一切外在事物的本质,去体验和理解创造万物之神——梵。通过朗读古老的、被认为是天启的经典,理解书中那些真正的奥义,获得神圣的真谛。瑜伽师凭借瑜伽实践提升生命之气,打开头顶的梵穴轮,让梵进入身体获得无上智慧。

瑜伽哲学认为,有形的身体只是内在的存在或灵魂的载体,比它更重要的是"微妙"的身体(pranayama kosha),它通过许多气脉和能量中心,包围着有形的身体,练习瑜伽可以激活身体的功能。

柏坦加利之树的低级分枝注重有形身体,而高级分枝则注重微妙的身体。对后者进行解剖,可以看到它由七个能量中心轮(chakras)和七万多个气脉(nadis)组成。通过学习控制呼吸和瑜伽姿势的身体训练,能控制通过身体的能量流向,最终实现精神的圆满。

chakras 从梵文翻译过来是"轮"和"圈",它是把微妙身体与有形身体相连的能量中心。脉轮储存人所有的能量或生命力(prana),通过呼吸来控制能量的释放。每个轮与某种体能或情感相关联,通常也与一种元素相关联。除了天顶轮以外的所有脉轮,都有它们各自的咒语。

这七个轮按顺序、有一定间隔地分布在主气脉上,中脉沿着脊椎形成一条垂直路径。第一个轮位于脊椎底部,是海底轮,它意味着根基或生命来源,与生命和土相关。生殖轮(意为"灵魂之所")是性欲和享乐的位置,属水。下一个是脐轮,意为"太阳",与或相关,它控制着人的意志力和耐力。心轮意为"不败",它与爱情和激情的胜利相关,主宰"气"。喉轮主宰智慧和创造力。眉间轮位于前额的中心,与知觉和意识相关。在气脉上的最后一个轮是天顶轮,象征着永恒和开启智慧于灵魂之门。

气脉在整个身体中织成一张气脉网。最基本的气脉是中脉,沿着脊椎形成一条垂直的通道,把七个轮连接起来。位于中脉两边的是二级气脉,即右脉和左脉,它们互为相反地控制着身体中的能量,用两极描述为男性和女性或阴或阳,与大脑的左半球和右半球控制有形身体中不同功能的情形相似。

二、瑜伽的其他类型

1. 密宗瑜伽

TantraYoga。千年师徒的秘密传承,着重于开发生命能量,超越凡人境界的修炼。密宗瑜伽的特色为复杂曼陀罗图案(Yantra)、详密的宗教仪轨、不对外公开的内容、利用性能量引出生命能量的修炼法、变换物质的修炼法、利用尸体的修炼法、太阳能修炼法等。

2. 高温瑜伽

BikramYoga。强调在温度高达 40 ℃的教室里练习体位法,以大量流汗为乐,偶有人因身体不佳受不了而产生呕吐、虚脱等症状。因为 BikramYoga 有专利问题,高温瑜伽练法有的称为 Hot Yoga(热瑜伽)以规避,名称不同内容一样,但是业者会以更好的温湿度调控设备作区隔。

3. 舒缓瑜伽

Restoration Yoga。以尽量放松身心为主的体位法练习,教练内容以引导身体放松舒缓为主,主要针对有失眠、高压力问题的人。著名的 Sivananda Yoga 派别近似此类。

4. Iyengar 瑜伽

以著名的印度国宝 B. K. Iyengar 大师为名的瑜伽,Iyengar 大师目前八十多岁,从事瑜伽教学数十年,是当今全世界最推崇的瑜伽祖师。其瑜伽锻炼以姿势的精准、着重练习顺序、使用辅助器材等为特色,也是目前公开介绍呼吸锻炼法最多的瑜伽大师。

5. Ashtanga 瑜伽

Sri K. Pattabhi Jois 创立的瑜伽教派,Pattabhi 大师是 Iyengar 大师的师兄弟。Ashtanga 的特色是强力连续的体位法操练,强调动作与呼吸的配合,以及采用 Ujayi 呼吸法,Ashtanga Yoga 依照困难度安排数套连续不断的体位法顺序,每套完全练完要一到二小时甚至更久,其中包含许多困难的动作,Ashatanga Yoga 会让练习者对自己的身体产生强烈的信心。

6. 双人瑜伽

以情侣夫妻配对练习体位法为特色的瑜伽,非派别,因为瑜伽教室要增加课程特色以吸引学员而产生。

7. 孕妇瑜伽

顾名思义,同样因为瑜伽教室要增加课程特色以吸引学员而产生。

孕妇练习瑜伽可以增强体力和肌肉张力,增强身体的平衡感,提高整个肌肉组织的柔韧度和灵活度。

在妊娠的第一阶段,孕妇做任何费力的身体操练常常会不能坚持而最终放弃。建议孕妇从妊娠第4个月开始进行锻炼。对没有流产史、积极健康的未来母亲,只要觉得准备好了就可以开始进行一些轻柔的增强身体力量和提高肌肉柔韧性和张力的锻炼。

在整个妊娠过程中,孕妇可以练习不同的瑜伽姿势,但必须以个人的需要和舒适度为准,瑜伽的练习因人而异,必须与人的身体状况协调。练习时如有不适感,可以改用更适合自己的练习姿势。

孕妇练习瑜伽可以增强体力和肌肉张力,增强身体的平衡感,提高整个肌肉组织的柔韧度和灵活度。同时刺激控制荷尔蒙分泌的腺体,增加血液循环,加速血液循环,还能够很好地控制呼吸。练习瑜伽还可以起到按摩内部器官的作用。此外,针对腹部练习的瑜伽可以帮助产后重塑身材。

瑜伽有益于改善睡眠,消除失眠,让人健康舒适,形成积极健康的生活态度。瑜伽还帮助人们进行自我调控,使身心合而为一。

但是要注意的是,瑜伽并不是使怀孕和分娩更为安全顺利的唯一方式。瑜伽只是在整个妊娠过程当中帮助孕妇进行适当锻炼。分娩要消耗大量的体力,因此大多数孕妇在分娩来临前会感到恐惧和不安,这是很正常的现象。练习瑜伽可以让这个过程变得轻松简单并有助于孕妇在产前保持平和的心态。

8. 亲子瑜伽

父母与小孩一起进行的瑜伽体位法练习,同样因为瑜伽教室要增加课程特色以吸引学员而产生。

9. 塑绳瑜伽

一般的瑜伽体位法练习加上绳子等器材为辅助。

10. 塑球瑜伽

一般的瑜伽体位法练习加上或大或小的弹性球等器材为辅助。

三、练习瑜伽时的准备工作

1. 时间

一般来说,人们都是利用早晨、中午、黄昏或睡前来练习瑜伽。其实,只要保证空腹的状态,一天中的任何时间都可以练习。换句话说,饭后(3 小时之内)是不宜练习瑜伽的。在真正的瑜伽行者看来,清晨 4～6 点才是练习瑜伽的最佳时刻,因为此时周围万籁俱寂,大气最为纯净,肠胃活动基本停止,大脑尚未活跃起来,容易进入瑜伽的深层练习状态。

2. 地点

练习瑜伽最好能在干净、舒适的房间内,有足够伸展身体的空间,避免靠近任何家具。房间内空气清新、流通,并且能自由地吸入氧气。最好摆上绿色植物或鲜花,也可播放轻柔的音乐来帮助松弛神经。

当然,您也可以选择在露天地自然地练习,比如花园等环境较好的地方,千万不要在大风、寒冷或有污染的空气中练习,也不要在太阳直射下练习(黎明除外,因为那时光线柔和,有益于健康)。

3. 衣着

练习瑜伽姿势时应穿着宽松柔软的衣服,以棉麻质地者为佳,必须保证透气和练习时肌体不受拘束。鞋子必须脱掉,袜子最好也脱掉(天冷时脚部须注意保暖),手表、眼镜、腰带以及其他饰物都应除下。

4. 道具

练瑜伽当然以使用专业的瑜伽垫为好,当地面太硬或不平坦的时候,瑜伽垫能发挥缓冲作用,帮助您保持平衡。但是,如果您没有专业的瑜伽垫,铺上地毯或对折的毛毯也可。不要在过硬的地板或太软的床上进行练习,同时注意不能让脚下打滑。初学者也可使用一些道具来辅助练习某些姿势,可用的道具如瑜伽砖、瑜伽绳、墙壁、桌椅等。很多姿势都可使用相应的道具,帮助您进行循序渐进的练习,同时更准确掌握每一个姿势传达给身体的感觉。

5. 沐浴

沐浴前 20 分钟内不要练习瑜伽,因为瑜伽练习会使身体感觉变得极其敏锐,此时若给予忽热忽冷的刺激,反而会伤害身体,消耗身体内储存的能量。沐浴后 20 分钟内也不宜练习瑜伽,因为沐浴后血液循环加快,筋肉变软,如果马上练习瑜伽,不仅容易使身体受伤,而且会导致血压升高,加重心脏负担。心脏病、高血压、甲亢等疾病患者尤其要注意这一点。

另外,在长时间的太阳浴后不要练习瑜伽。在练习瑜伽之前 1 小时左右洗个冷水澡,能让您的练习达到更好的效果。

6. 饮食

如前所述,饭后 3 小时之内不宜练习瑜伽。但是,您可以在练习前 1 小时左右,进食少量的流质食物或饮料,比如牛奶、酸奶、蜂蜜、果汁等。练习时,您可以喝一点清水以帮助排出体内毒素(当做鸭行式的练习时,您甚至应该大量喝水)。

瑜伽练习结束1小时后进食最好。最好吃一些天然的食品,避免食用一些油腻、辛辣或导致胃酸过多的食品。进食要适可而止,吃得太饱会让人感到烦闷和懒惰。另外,练习瑜伽后饭量减少,排气、排便增加属于正常现象。

第三节　瑜伽姿势的概要及作用

现代生活节奏快,竞争激烈,压力较大。当然,适度的压力也是必要的,因为压力可以激发兴趣,振奋精神,使人精力充沛。但是,如果这种压力超过我们所能承受的限度,身体就会感到紧张不适,自我免疫力下降,体力不支,有时还包括心理上的挫败感、肌肉紧张(可导致脊椎疼痛)、疲惫不堪、呼吸短促甚至神志不清等。

瑜伽包含伸展、力量、耐力和强化心肺功能的练习,能促进身体健康,有协调整个机体的功能,学习如何使身体健康运作的同时也增加了身体的活力。此外,培养心灵和谐和情感稳定的状态也引导你改善自身的生理、感情、心理和精神状态,使身体协调平衡,保持健康。

一、坐姿

1. 前倾式

向前倾的坐姿不仅能安抚整个神经系统,还能使大脑镇定下来。

特别是对初学瑜伽的人来说,前倾的坐姿要比前倾的站姿容易完成一些,因为完成前倾的站姿需要多花一点力气,而且要具备一定的平衡能力。

一般来说,只要前倾的坐姿练好了,就为练习站姿打好了基础,它还为高血压病患者提供了一个实用的选择,他们不宜将头放在低于心脏的位置。

前倾式可以同时对许多身体中的能源中心(气轮)和重要器官产生影响,但是其中最受益的是力源穴(又称中心轮,或第二气轮)。这个气轮掌管着肾和肾上腺,因此,练习前倾式是平衡和加强这些器官功能的有效途径。

前倾式主要分为钻石式、束角式、跨骑式、单腿交换伸展式、射箭式、背部伸展式、牛面式、船式。

2. 后仰式

后仰一般要求身体强而有力,而前俯则要求身体具备灵活性。同时,后仰还是加固和调养身体的很好方式,特别是对背部、腿部和臀部的肌肉。如果你觉得自己不具备做后仰式的力量,那么请先练习难度为一星的站姿,例如战士式。

后仰式能增强脊椎骨的灵活性,帮助改善站姿和坐姿,并保持脊椎的弹性。它们还能通过增加脊椎区域和从脊椎伸出来的神经的血液供应,而使神经系统受益。

伸展腹部区域，而且能在很大程度上帮助消化，因为它们能调理在一般情况下比较弱的腹部肌肉和消化器官。它们还能扩展和打开胸部区域，增加肩膀的灵活性，从而帮助胸部得到更大的扩展。这能为深呼吸创造更好的条件，使呼吸系统也能受益。在身体保持后仰时，大脑也会进入被动的平静状态。

后仰式能影响到许多能源中心。例如，每当脖子伸直或下巴抬起时，喉轮位于喉咙的能源中心，就会受到影响。

在执行完整的后仰式时，所有气轮都会受到影响。不过，最受影响的，同时也是获得最大利益的气轮，就是脐轮，也就是第三个能源中心，它与腹部神经丛关系密切。这个气轮还与胰腺有关。胰腺对胃、肝脏和脾都有化学影响。从能量的角度来看，所有器官都相互关联、相互支持。胰腺通过产生胰岛素来调节身体的糖含量。如果胰岛素的含量减少了，那么很容易导致糖尿病，而且肌肉也不再有能力有效利用葡萄糖。脾的功能是区分每个人摄取的纯净和不纯的食物。

这些身体机能和与它们相关的气轮也会影响我们的情绪。例如，我们辨别事物价值的能力非常重要。当脾的能量被阻塞，就会导致负面情绪，并让我们分神、过于担忧以及产生"停滞"的感觉。通过这种方式，脾影响到我们做决定和在生活中继续前进的能力。

后仰式主要分为猫伸展式、骆驼式、眼镜蛇式、蝗虫式、弓式、鱼式、狗伸展式、桥式。

3. 脊椎弯曲式

脊椎弯曲式对排列各个脊椎骨的位置特别有用，它能有效地扭曲腰部以上的脊椎。这些姿势能够温柔地按摩腹部区域的内脏，并提供新鲜的血液滋养这些器官。它们还能扩胸，为更好地呼吸创造条件，特别是使用胸腔的呼吸。

脊椎弯曲式让神经系统的神经中枢重新焕发活力，这些神经中枢从脊椎一直延伸到身体外围。所以这些姿势对自治神经系统的影响比任何其他类别的姿势都大，特别是对迷走神经的影响。它具备安排和使身体和大脑平静下来的作用；所以它不仅使身体容光焕发，还可以使微妙的气轮系统充满活力。

自治的神经系统是由大脑主干和视丘下部控制的，它负责所有我们意识不到的身体功能。这些功能包括消化、呼吸、腺体和荷尔蒙的分泌、心跳、血液循环以及肾脏和肝脏的功能。

迷走神经是我们身体中心副交感神经系统的重要部分，同时它也影响到交感神经系统。副交感神经系统是自治神经系统中安静、放松的部分，它能平衡交感神经系统的活跃、刺激性作用。

迷走神经从大脑一直延伸到脊椎，最后在腹部神经丛结束；这根神经与七个能源中心（气轮）有关，这些气轮又与身体中各种交感神经丛关系密切。

通过让神经中枢充满活力,能量和力量被聚集到一起,从而释放出被封锁在体内的能量,通过这种方式,能量能更好地被利用。我们可以通过执行脊椎弯曲式来达到释放能量的目的,同时使身体和体力(与气轮有关的)各个微妙部分充满活力。

脊椎弯曲式主要分为脊椎扭曲式、坐扭曲式、新月式。

二、站姿

在瑜伽中,反姿势对所有姿势都非常重要,进行反姿势的目的是为了在执行那些不对称的站姿后,让你的身体恢复对称,同时这些反姿势还能让你的大腿和脊椎得到放松伸展。

站姿主要分为山式、蹲伏式、弯腰伸展式、侧面弯腰伸展式、战士第一式、战士第二式、三角伸展式、旋转/翻转三角式、侧三角伸展式。

三、平衡的姿势:站立和手的平衡

它是指通过平衡或均等地使用身体,使身体灵活地移动,摆姿势和协调四肢。它能使你的大脑宁静安详,注意力集中。

平衡姿势主要分为树式、战士第三式、半月式、鹰式、舞蹈式、平衡式、支架式、斜支架式、孔雀式、后仰支架式、乌鸦式、手倒立式。

四、倒立的姿势

倒立姿势是瑜伽训练中不可或缺的一部分。它们能通过各种各样的方式影响身体的机能,使我们得到生理、心理和精神上的益处,而且这些姿势还能使整个系统重新充满活力。例如,它们能消除疲劳,缓解失眠、头痛、静脉曲张、消化疾病以及过多的紧张情绪和焦虑。

倒立主要分为肩倒立式、犁式、蝎子式、头倒立式。

五、休息和放松的姿势

有效动作在发挥最大能量时,往往就是最放松的时候。

放松的姿势主要分为仰卧放松式、卧英雄式、半身仰卧放松式。

第十五章　健　美

　　健美是以锻炼肌肉为主的肢体活动,它是锻炼肌肉、改善身体的有效运动。人体是一个有机体,局部的改变必然会影响到全身,因此,人们在发展肌肉、增大肌肉块、增强肌力、塑造体形的同时,也改善了机体的生理功能,从而使人体魄强壮、焕发青春、激发活力。

第一节　健美概述

　　健美是与人的形体美密切相连的,健美是形体美的基础。人体有对称的造型,均衡的比例,流畅的线条,坚强的骨骼,匀称的四肢,丰满的躯体,弹性的肌肉,健康的肤色,这是形体美不可缺少的条件。健美还要求具有充沛的精神、愉快的情绪、青春的活力。

1. 健美的起源

　　人们一般认为健美的"早期"是 1880 年至 1930 年这段时期。但是,早在古希腊时代的运动健将就通过举重物来锻炼身体,并得到强壮健美的体型,这些健美的运动员,被雕塑家"记录"下来并留存至今。这是健美运动的早期萌芽。

　　健美(展示肌肉的艺术)在 19 世纪之前并没有真正出现过,直到 19 世纪晚期,普鲁士人尤金·山道(Eugen Sandow)开始推广这项运动。他被称为"现代健美之父"。由于他让观众在"肌肉展示表演"中得以欣赏他的体格,而被誉为该项运动的先驱。尽管观众们在看到一个塑造完美的体型中感到了震撼,但人们一般只是把身体展示作为力量展示和摔跤比赛的一部分而已。山道通过他的经纪人弗洛伦茨·齐格菲尔德(Florenz Ziegfeld)在这些展示和赛事周围搭建了可以展示体型的舞台,并获得极大的成功。之后他借自己的名誉创立了很多的生意,并且是最早以个人名字为商业品牌的代表之一。随后他的知名度不断提高,发明并大规模销售了首款健身器材(机械化哑铃、弹簧拉力器和张力带)。

　　山道于 1901 年 9 月 14 日组织了第一次健美比赛,名为"超棒比赛"(译注者:原文 Great Competition,"伟大的比赛"这种说法我认为涵盖不全,Great 另有宏伟、大、好等意思,我用汉语的"棒"来代替),比赛在英国伦敦的皇家阿尔伯特大厅进行。比赛裁判有山道本人、查尔斯·劳斯爵士(Sir Charles Lawes)和阿瑟·柯南·道尔爵士(Sir Arthur Conan Doyle)(译注:此柯南道尔即侦探福尔摩斯系列小说的作者),比赛极其成功,入场票售罄,数百名体育狂热爱好者只能在场外望而兴叹。

1904年1月16日,首届大规模的健美比赛在美国纽约的麦迪逊广场举行。获胜者是阿尔·特雷劳尔(Al Treloar),因而获得"全世界体格塑造最完美的男人"的头衔,特雷劳尔赢得一千美元奖金,这在当时是一个不菲的金额。两周以后,托马斯·爱迪生将阿尔·特雷劳尔进行身体造型拍成了电影,在这之前的几年爱迪生也曾为山道拍过两部电影,这是最早将健美运动拍成电影的记录。20世纪早期,贝尔纳·麦克菲登(Bernarr Macfadden)和查尔斯·阿特拉斯(Charles Atlas)继续将健美推广至世界。阿洛伊斯·斯沃波达(Alois P. Swoboda)是美国早期健美运动的先锋,查尔斯·阿特拉斯因他曾说"我所知道的一切全部学自查尔斯·阿特拉斯"而对他称赞有加。

2. 健美运动的发展

(1) 健美的"黄金时期"

健美的"黄金时期"一般是指从1940年左右一直到1970年。在这段时期中,早期审美观开始发生变化,人们追求更加庞大的肌肉,对肌肉的对称性和轮廓清晰度提出更高要求。这很大程度上是由于曾经的第二次世界大战爆发使很多年轻人开始追求更加强壮的体格和更加刚烈的性格,他们通过改善训练技巧、提高营养水平以及使用更有效的器械达到了这些目的。很多有影响力的发行刊物也开始出现,新的比赛也应健美运动的发展而兴起。

加利福尼亚州威尼斯市的"肌肉海滩"是这段时期的健美的标志。这段时期中健美界著名的名字包括史蒂芬·里维斯(Steve Reeves)[因饰演赫拉克勒斯(Hercules,希腊神话著名大力士)以及其他古代力士英雄形象而出名]、雷格·帕克(Reg Park)、约翰·格里梅克(John Grimek)、赖利·斯考特(Larry Scott)、比尔·珀尔(Bill Pearl)以及"小天使"艾文·科泽斯基(Irvin "Zabo" Koszewski)。

1950年,另一个名为国家业余健美协会(NABBA,National Amateur Bodybuilders Association)开始在英国举办"NABBA宇宙先生"(NABBA Mr. Universe)的比赛。1965年,又一个重大赛事"奥林匹亚先生"(Mr. Olympia)开始举办。目前"奥林匹亚先生"是健美界顶级的赛事。

起初健美比赛仅有男性参加,到后来的1965年NABBA开始加入"宇宙小姐"(Miss Universe),到1980年"奥林匹亚小姐"(Ms. Olympia)也开始被引入。

(2) 健美的现代时期(20世纪70年代后)

20世纪70年代,由于阿诺德·施瓦辛格的影片《铁金刚》(Pumping Iron),

健美吸引了公众的眼光。在此之前，IFBB 已经在此项运动中占统治地位，AAU 名列第二。

1981 年，吉姆·马尼奥恩（Jim Manion）刚从 AAU 体格委员会主席职位卸任，便成立了国家体格委员会（NPC，National Physique Committee），NPC 开始成为全美最成功的健美组织，它是 IFBB 的业余组分部。20 世纪 80 年代末 90 年代初，AAU 赞助的健美赛事每况愈下；1999 年，AAU 通过投票决定停办健美赛事。

在这段时期中，类固醇开始被越来越多地使用在健美及其他运动项目中。为了抵制这一现象，IFBB 开始引入针对类固醇和其他禁用物质的药检制度，这也是为了使 IFBB 能被国际奥委会接纳为会员。尽管有了药检制度，大部分职业健美运动员仍然为了比赛继续使用类固醇。20 世纪 70 年代，人们还能公开讨论类固醇的使用，因为它在当时完全合法；然而 1990 年美国国会通过的《类固醇管制法案》将类固醇列为《管制物品法案》中的 Ⅲ 级管制物品。

3. 健美的种类

健美按照性质分为：职业健美和自然健美；按照参与对象不同分为：男子健美、女子健美、青少年健美。

（1）职业健美

现在健美界中"职业"一词一般是指健美运动员在有晋升资格的业余比赛中获胜并取得 IFBB 的职业认证（IFBB Pro-card）。职业运动员则有资格参加一些更高级别的比赛，包括"阿诺德经典"健美大赛（Arnold Classic）及"冠军之夜"比赛（Night of the Champions），并根据这些比赛的名次决定"奥林匹亚先生"的参赛权；"奥林匹亚先生"则是职业健美领域最高头衔。

（2）自然健美

在自然健美比赛中，健美选手例行违禁药品检查，一旦发现违规则取消今后的参赛权。药检可通过尿液样本进行，但很多情况下用成本更加低廉的测谎仪来代替。违禁药物指正常人体不应接受的物质，各自然健美组织对此定义都不同，亦并不一定仅包括那些法律禁止的药物。类固醇、激素原、利尿剂等一般都被各自然健美组织所禁止。自然健美组织包括北美自然健美联盟（NANBF，North American Natural Bodybuilding Federation）和自然体格协会（NPA，Natural physique association）。自然健美运动员声称他们的方法相比其他形式的健美运动更注重竞技和良好的生活方式。

（3）青少年健美

健美运动中还有很多门类专门针对年轻参赛者。现在的很多职业选手都是从青少年时期就开始力量训练，例如阿诺德·施瓦辛格、李·普瑞斯特（Lee

Priest）和杰·卡特。现在有很多青少年参加健美比赛。

（4）女子健美

20世纪70年代，女性开始参加健美比赛，并风靡了一段时间。女性开始前所未有地加强力量锻炼以求更好的身材，防止骨质疏松。然而许多女性仍然害怕力量训练会使她们身体膨胀，她们仍认为力量只是针对男性。不过力量训练对女性实际上有很多好处，譬如增加骨密度预防骨质疏松，提高肌肉力度和身体平衡性。最近几年，健身和形体比赛开始兴起。这些比赛并不像健美比赛那样对肌肉的发达水平有严格的要求，为女性提供了另种选择。1980年首届"奥林匹亚小姐"比赛比较像今天的健身形体比赛，当年的获胜者是瑞秋·麦莉什（Rachel McLish）。

第二节　健美训练的原则与健美的技巧

众所周知，健美可以满足锻炼者多方面的需要，如增强机体体质、发展力量、矫正身体等，但想要获得这些结果就必须遵循健美的原则，注意健美的几大要素。

1. 健美的原则

（1）有明确的健美目标

有明确的目标是人类从事任何事情的出发点，健美也不例外。健美锻炼者在开始阶段就应该根据个人的需要确立目标，如：健美的目的是为了矫正身体、娱乐或医疗、塑造完美体型等。不同的目标，对健美锻炼的方法、内容都有着不同的要求，另外，目标确立要有长短期之分，这样才能使健美者持之以恒，循序渐进。

（2）坚持从实际出发，实事求是

健美锻炼者因为年龄、性别、体质等多方面的原因，使其适应能力等方面有明显的差别，个体的差异也很大。因此，健美训练计划的制订，要从自身的实际情况出发，不能急于求成、拔苗助长。

（3）循序渐进，不急于求成

在健美的锻炼中，无论在选择和运用健美的内容、方法上，还是在安排和增加运动密度上，都要严格遵循循序渐进的原则。在训练内容上要做到由易到难，由简到繁，在运动量上要由小到大，因为人体平衡始终是一个"不适应—适应—不适应—再适应"的循环过程。

（4）全面发展，齐头并进

人体是一个由大脑主控的有机整体，身体各部位、各器官相互联系，相互影响。因此,在锻炼某一身体部位时,相应的身体部位也会参与锻炼,但是这不能代替其他部位的锻炼。在健美运动中,全面发展尤为重要,因为健美就是追求全身的协调发展,长时间忽视了某一块肌肉的锻炼,就会出现"发育不全"的现象。

(5)坚持"从难从严"

健美训练要取得好的效果并且获得成功,必须从难从严进行训练。虽然健美训练中的动作较为简单,但是还是要追究动作的规格和要求,因此在训练中必须注意以下几点:

第一,动作标准规范。

第二,锻炼肌肉发力准确,不得借力。

第三,注意力集中,动作注意细节。

第四,适时加量,做到力竭。

(6)坚持健美训练的科学性

科学的训练可以促使健美体形的产生,健美训练也不是越多越好、强度越大效果越明显。科学的训练还体现在合理的准备活动和合理的放松,这样肌肉才能在大运动量后保证恢复,进而更好地进行下一次的训练。

2. 健美的技巧

增大肌肉块的14大技巧:大重量、低次数、多组数、长位移、慢速度、高密度、念动一致、顶峰收缩、持续紧张、组间放松、多练大肌群、训练后进食蛋白质、休息48小时、宁轻勿假。

(1)大重量、低次数:健美理论中用 RM 表示某个负荷量能连续做的最高重复次数。比如,练习者对一个重量只能连续举起 5 次,则该重量就是 5 RM。研究表明:1～5 RM 的负荷训练能使肌肉增粗,发展力量和速度;6～10 RM 的负荷训练能使肌肉粗大,力量速度提高,但耐力增长不明显;10～15 RM 的负荷训练后肌纤维增粗不明显,但力量、速度、耐力均有长进;30 RM 的负荷训练肌肉内毛细血管增多,耐久力提高,但力量、速度提高不明显。可见,5～10 RM 的负荷重量适用于增大肌肉体积的健美训练。

(2)多组数:什么时候想起来要锻炼了就做上 2～3 组,这其实是浪费时间,根本不能长肌肉。必须专门抽出 60～90 分钟的时间集中锻炼某个部位,每个动作都做 8～10 组,才能充分刺激肌肉,同时肌肉需要的恢复时间越长。一直做到肌肉饱和为止,"饱和度"要自我感受,其适度的标准是:酸、胀、发麻、坚实、饱满、扩张以及肌肉外形上的明显粗壮等。

(3)长位移:不管是划船、卧推、推举、弯举,都要首先把哑铃放得尽量低,以充分拉伸肌肉,再举得尽量高。这一条与"持续紧张"有时会矛盾,解决方法是快速地通过"锁定"状态。不过,并不否认大重量的半程运动的作用。

（4）慢速度：慢慢地举起，再慢慢地放下，对肌肉的刺激更深。特别是，在放下哑铃时，要控制好速度，做退让性练习，能够充分刺激肌肉。很多人忽视了退让性练习，把哑铃举起来就算完成了任务，很快地放下，浪费了增大肌肉的大好时机。

（5）高密度："密度"指的是两组之间的休息时间，只休息1分钟或更少时间称为高密度。要使肌肉块迅速增大，就要少休息，频繁地刺激肌肉。"多组数"也是建立在"高密度"的基础上的。锻炼时，要像打仗一样，全神贯注地投入训练，不去想别的事。

（6）念动一致：肌肉的工作是受神经支配的，注意力高度集中就能动员更多的肌纤维参加工作。练某一动作时，就应有意识地使意念和动作一致起来，即练什么就想什么肌肉工作。例如：练立式弯举，就要低头用双眼注视自己的双臂，观察肱二头肌慢慢地收缩。

（7）顶峰收缩：这是使肌肉线条练得十分明显的一项主要法则。它要求当某个动作做到肌肉收缩最紧张的位置时，保持一下这种收缩最紧张的状态，做静力性练习，然后慢慢回复到动作的开始位置。方法是感觉肌肉最紧张时，从1数到6，再放下来。

（8）持续紧张：应在整个一组中保持肌肉持续紧张，不论在动作的开头还是结尾，都不要让它松弛（不处于"锁定"状态），总是达到彻底力竭。

（9）组间放松：每做完一组动作都要伸展放松，这样能增加肌肉的血流量，还有助于排除沉积在肌肉里的废物，加快肌肉的恢复，迅速补充营养。

（10）多练大肌群：多练胸、背、腰、臀、腿部的大肌群，不仅能使身体强壮，还能够促进其他部位肌肉的生长。有的人为了把胳膊练粗，只练胳膊而不练其他部位，反而会使二头肌的生长十分缓慢。建议安排一些使用大重量的大型复合动作练习，如大重量的深蹲练习，它们能促进所有其他部位肌肉的生长。这一点极其重要，可悲的是至少有90%的人都没有足够重视，以致不能达到期望的效果。因此，在训练计划里要多安排硬拉、深蹲、卧推、推举、引体向上这5个经典复合动作。

（11）训练后进食蛋白质：在训练后的30～90分钟里，蛋白质的需求达高峰期，此时补充蛋白质效果最佳。但不要训练完马上吃东西，至少要隔20分钟。

（12）休息48小时：局部肌肉训练一次后需要休息48～72小时才能进行第二次训练。如果进行高强度力量训练，则局部肌肉两次训练的间隔需达72小时以上，尤其是大肌肉块。不过腹肌例外，腹肌不同于其他肌群，必须经常对其进行刺激，每星期至少要练4次，每次约15分钟；选3个对自己最有效的练习，只做3组，每组20～25次，均做到力竭；每组间隔时间要短，不能超过1分钟。

(13) 宁轻勿假：这是一个不是秘诀的秘诀。许多初学健美的人特别重视练习重量和动作次数，不太注意动作是否变形。健美训练的效果不仅仅取决于负重的重量和动作次数，而且还要看所练肌肉是否直接受力和受刺激的程度。如果动作变形或不到位，要练的肌肉没有或只是部分受力，训练效果就不大，甚至出偏差。事实上，在所有的法则中，动作的正确性永远是第一重要的。宁可用正确的动作举起比较轻的重量，也不要用不标准的动作举起更重的重量。不要与人攀比，也不要把健身房的嘲笑挂在心上。

第三节　各部位肌肉群的练习方法

以下列举了人体主要大肌肉群的锻炼方法，具体方法依个人情况而定。

1. 肱二头肌

上臂前面凸起的就是肱二头肌。基本动作：① 两臂弯举，此动作可站也可坐，可采用正反握哑铃、杠铃等多种方法。两上臂必须紧贴两腋，利用肱二头肌收缩的力量使两手向胸前尽力弯起。② 反手窄握引体向上，也是利用肱二头肌收缩的力量达到锻炼的目的。练六组，每组 12～15 次。

2. 肱三头肌

上臂后面凸起的就是肱三头肌。练好肱三头肌能使练习者的手臂肌肉线条清晰。基本动作：有正反握两个动作，脸朝上平躺在宽凳上，双手与肩同宽，紧握杠铃上举，然后以肘关节为支点，慢慢地向后弯曲到头顶，然后用肱三头肌的收缩力把杠铃恢复到原位。练六组，每组 12～15 次。

3. 三角肌

肩膀上的肌肉就是三角肌，分为前束、中束、后束。基本动作：① 前束，手握哑铃或杠铃在身前，握距与肩同宽，用力抬起手臂前平举，使手臂与身体成 90 度（练六组，每组 12～15 次）。② 中束，手握哑铃在身旁，把手臂侧平举从两侧抬起至头顶。（练六组，每组 12～15 次）。③ 后束，两手握杠铃与肩同宽，把杠铃放在颈后，向上伸臂推起杠铃，然后缓缓屈臂，将杠铃置于颈后肩部原位。练六组，每组 12～15 次。

4. 腹肌

腰腹肌是比较难练的肌肉，要下苦功练习。基本动作：① 斜板仰卧起坐。② 仰卧举腿，平躺在长凳上，两手抓住凳头，用腰腹力量的收缩把双脚抬起后把身体弯曲。③ 两头起，平躺在长凳上，上臂与双腿都伸直，直臂摆动，以臀部为支点，上体与腿同时折起，用双手去触上举的脚尖。④ 颈后负重鞠躬，把杠铃放在颈后，慢慢把身体前俯与腿部成 90°，然后用腰部力量恢复原位。练六组，每组 12～15 次。

5．大腿肌

基本动作：① 颈后负重深蹲，把杠铃横担在肩上，两脚开立与肩同宽，深蹲并呼吸，再以股四头肌的力量站起。练六组，每组 12～15 次。② 颈前负重深蹲，提取杠铃置于胸前锁骨部位，徐徐屈膝下蹲到大小腿折叠靠紧为止。练六组，每组 12～15 次。为加大负荷，可在脚后跟垫上一块 5～6 厘米的砖或木头。③ 直臂屈腿上提。练六组，每组 12～15 次。

6．小腿肌

小腿肌的健美标准是练成如菱形"钻石"。基本动作：提踵，两脚尖站在高出地面 5～10 厘米的木板或砖上，先将脚跟慢慢下沉到地面，然后用力提脚跟踮起脚尖，提高身体重心位置，收紧臀部和大腿肌肉。练六组，每组 12～15 次。

7．胸大肌

胸大肌是人体比较大的几块肌肉之一，相对来说较好练。基本动作：① 仰卧，脸朝上平躺在宽凳上，两手各执一只哑铃，双手上举，然后慢慢向身体两侧展开，就好像鸟儿在拍打翅膀飞行一般。练六组，每组 12～15 次。② 卧推，平躺在宽凳上，双手紧握杠铃上举后，慢慢地放至乳头上方，然后用力上推，此动作应由两人合作，另一人做保护。练六组，每组 12～15 次。③ 俯卧撑，为提高难度，可把脚部提高成 45°角倾斜，在背部或颈部放置重物超负荷训练，使胸大肌完全拉伸。练六组，每组 12～15 次。

8．背阔肌

有了发达的背阔肌后，人的躯干呈现出 V 字形，像一把打开的扇子。基本动作：① 引体向上，宽握颈后引体向上，身体不要摇晃，然后屈臂上拉，此动作最有效。练六组，每组 12～15 次。② 俯立划船，腰弯成 90°，双手下垂握住杠铃，然后把杠铃上拉至腰部，停住一会儿，使背部用力。练六组，每组 12～15 次。③ 在专门的组合器械上练。

第四节　健美营养

健美必须注意营养，营养是健美锻炼能否成功的关键。在注重营养的同时还要注意健美运动伤害的预防和处理。

1．健美营养

蛋白质、碳水化合物和脂肪是构成人体的三大营养物质。健美训练期间要注意三大营养的合理搭配摄取。

（1）蛋白质

蛋白质是健美运动员最关心的膳食营养。功能性蛋白质例如马达蛋白（motor protein）［包括阻凝蛋白（myosin）、驱动蛋白（kinesin）和动力蛋白（dynein）］可产生导致肌肉收缩的力。目前的说法认为，健美运动员总能量的25%～30%应来源于蛋白质，这样才能达到维持并改善机体合成能力的目的。有关蛋白质的能量摄入是一个引起广泛争论的话题，很多人认为理想的蛋白质摄入量是每磅（每 0.45 千克）体重摄入 1 克，有人则建议更少些，还有人建议 1.5～2 克甚至更多。蛋白质最好在一天中平均摄入，特别在训练中、训练后和睡前三个时间摄入，这是一个比较能够确信的结论。对于摄入何种蛋白质最佳，人们还尚存争议。鸡肉、牛肉、猪肉、鱼肉、鸡蛋及奶制品都含有较多的蛋白质；坚果、植物种子及豆类的蛋白质含量也很高。酪蛋白和乳清蛋白常用来制成蛋白质补剂。乳清蛋白比较受到健美运动员的青睐，因为它的生物价值（BV，Biological Value）高，吸收率也高，很多知名品牌的补剂用的就是这种蛋白质。健美运动员需要生物价值高的优质蛋白质，他们往往避免依靠大豆蛋白作为主要蛋白质来源，原因是大豆有类雌激素的成分。当然也有一些营养专家相信大豆、亚麻籽及许多其他植物食品中含有的微量的类雌激素化合物及植物性雌激素是有益的，它们可能会与男性自身的雌激素竞争激素受体，并抑制雌激素的作用。这个作用还包括抑制垂体功能，刺激肝脏中 P450 系统（此系统可降解人体中的化学物质、激素、药物及代谢废料）积极工作来排除体内过剩的雌激素。

健美运动员经常把一天的食物摄入分成 5～7 顿餐，每餐的内容基本相同，并且从各餐之间间隔相等（一般是 2～3 小时一餐）。相比常规的一日三餐，改用这种方法的目的有两个：既可防止过饱，亦可提高基础代谢。然而，通过热量测定法和水的同位素标定法，已经有可靠的研究结果表明频繁进餐对新陈代谢并无促进作用。

（2）碳水化合物

碳水化合物对于健美运动员来说非常重要，它为机体参与锻炼和恢复提供必需的能量。健美运动员需要低血糖生成率的多糖（Low-Glycemic Polysaccharides）以及其他缓释的碳水化合物，这些物质与那些血糖生成指数高的蔗糖和淀粉相比，其能量释放相对平缓。平稳的能量释放是很重要的，否则高血糖生成的物质会使身体胰岛素水平陡增，这样就会诱导身体将更多的能量转化为脂肪而不是贮存在肌肉中，而且原本应该作用于肌肉生长中的能量也会被浪费。不过健美运动员在训练之后又往往会摄入一些快速消化的糖类（常为纯葡萄糖或者麦芽糖），因为这会促进肌肉中肌糖原的复原，亦有利于肌肉中的蛋白质合成。

（3）脂肪

科学合理的营养不应该拒绝脂肪。在增肌阶段，理想的脂肪摄入量占总热量的 20％。脂肪对激素制造起到重要作用,同时还是基础代谢和低强度训练能量的来源,所以摄取少量饱和脂肪(如瘦肉类中含的脂肪)和一定数量的不饱和脂肪(它们存在于鱼类、花生酱等)是非常必要的。研究表明,一种含有肉类脂肪的食物要比低脂肪的食物更能提高体内睾丸素的水平,而保持足够水平的睾丸素可以促使肌肉更好地消除疲劳和增长肌肉脂肪。所以,健美者对脂肪应该适当地控制利用,使健美效果更好。

2. 营养的原则与策略

(1)营养原则

营养对于每个人都是必不可少的,从事健美训练的人更需要充足的营养。初学者往往将全部精力投入训练而忽视了营养。其实,没有适宜的营养任何训练都是无效的,因此初学健美的人要注意以下五大健美营养原则。

① 补充足够的热能:肌肉生长是要消耗能量的,没有足够的热量,就不可能保证肌肉的正常生长。

② 补充足够的碳水化合物:健美训练时能量主要由糖原提供,摄入的碳水化合物可以补充糖原,供给能量,并防止训练造成的肌肉分解。

③ 补充优质蛋白原料:蛋白质是肌肉构成的基石,也是肌肉生长的基础,因此每天必须摄入优质蛋白质以构建肌肉。

④ 促进合成、减少分解:当肌肉的合成大于分解时,肌肉增长,反之则缩小。因此健美人群要注意抗肌肉分解,促进蛋白合成。

⑤ 保持适宜激素水平:人体内的生长激素、胰岛素和睾酮素对肌肉蛋白的合成至关重要。通过饮食与营养补充品可调控激素水平,刺激肌肉的生长。

(2)营养策略

策略一:晚餐高蛋白

发达的肌肉可通过有规律的负重训练、高蛋白饮食以及睡眠来获得。日本运动营养学家铃木胜茂研究发现,促进肌肉生长的生长激素是在人睡眠过程中分泌的。生长激素能将血液中的氨基酸导向肌肉组织,使其造出新的肌细胞并修复受到损伤的肌细胞。因此,健美运动员应在晚餐中进食高蛋白食品,或者在睡前服用氨基酸,以使上述肌肉生长过程更有效地进行,从而获得更强大的肌肉块。

策略二:训练后进食高蛋白

科学研究表明,负重训练也能促进生长激素的分泌。因为负重训练的用力对肌纤维所造成的细微损伤能激发体内的修复机能,促使生长激素的分泌和氨基酸的合成。负重训练后,生长激素的分泌大约能维持两小时左右。饭后的一两个小时又是蛋白质吸收的高峰阶段。训练后进食高蛋白食品,就可使由于负重训练而引起的生长激素分泌高峰与蛋白质吸收的高峰一致,因而更有利于肌肉生长。而睡眠时肌肉组织的静止状态又可使上述效果得到进一步的强化,从而收到事半功倍的训练效果。许多健美冠军成功地运用了这一策略,他们一天训练两次,即午饭(含午睡)前一次和晚饭(含晚睡)前一次。

第五节　健美运动中的伤害预防

1. 健美训练中运动伤害的原因

(1) 认识不足。很多人对受伤的危害性认识不足,缺乏防伤观念,在训练中不能积极采取各种预防措施。特别是一些年轻人,既缺乏训练经验,又麻痹大意,盲目或冒失地进行训练,或在训练中畏难、紧张、犹豫不决,这都是造成受伤的重要原因。

(2) 准备活动不适当。统计资料表明,缺乏准备活动或准备活动不适当,是造成受伤的首要原因。

① 不做准备活动。在神经系统和身体各器官系统没有被动员起来的情况下就进行训练,由于肌肉、韧带没有活动开,身体协调性差,因而很容易发生软组织拉伤和关节扭伤。

② 准备活动不充分。准备活动做得不充分,神经和其他器官系统的兴奋性尚未达到适宜水平就开始训练。

③ 准备活动与训练内容脱节。训练中主要用力部位没有活动到、活动开。

④ 准备活动的量过大。身体在进入正式训练前已感疲劳,正式训练时身体机能不处于最佳状态而是有所下降。

⑤ 准备活动距正式训练时间过长。开始训练时准备活动引起的生理反应已减弱或消失。

(3) 身体状态不佳。睡眠或休息不好、患病带伤或伤病初愈及身体疲劳时,生理功能和运动能力下降,此时参加训练很容易因肌力较弱、反应迟钝、身体协调性差而受伤。

(4) 大重量训练过频。大重量常会使肌肉等组织发生轻微创伤,若大重量训练过频,韧带、肌腱得不到充分的恢复,就会发生肌腱炎,甚至发生肌腱和韧带破损,大重量训练过频还会使肌肉与骨骼力量的增长不相适应,造成骨骼变形、劳损等损伤。

(5) 训练前不严格检查器械和场地。如果活动哑铃的螺丝松了,做练习时就可能掉下来。杠铃杆太滑,手应抹上镁粉后再抓握,否则做卧推时易受伤。

(6) 训练场地太滑,杠铃转动不灵,器械年久失修或维护不良,器械安装不牢固或安放位置不当,器械的高度、大小与轻重不符合练习者需要,缺乏必要的防护器具(如护腕、护膝、宽皮带等),训练时服装与鞋袜不适宜等,都可能成为受伤的原因。

(7)不良气象因素的影响。气温过高,易发生中暑和疲劳;气温过低,易发生冻伤,导致肌肉僵硬,身体协调性下降;潮湿、高温环境下易大量出汗,发生肌肉痉挛或虚脱;光线不良易使人反应迟钝。这些也能成为受伤的原因。

此外,不重视休息与恢复,忽视营养和睡眠,缺乏保护与自我保护等均可能导致受伤。

2. 健美运动伤害的预防

(1)认真做好准备活动。对训练中负担较大和易受伤的部位要特别做好准备活动。准备活动结束与训练开始不要超过四分钟。间歇时间过长或改练其他部位时,应补做专项准备活动。

(2)做好放松和整理活动。训练后必须做一些伸展放松练习,以加速运动部位的恢复。例如,做完硬拉和深蹲后,可悬吊在单杠上,然后做提膝下放或直腿左右摆动等动作,以使脊柱恢复原来的机能状态。

(3)大重量训练要适可而止,用大重量训练,如果没有把握,最好请人保护。不要经常借力训练。做动作时不要速度太快和突然起动。间隔时间较长再练时,要减轻重量、降低强度。

(4)加强医务监督和训练场地安全检查。常练健美者最好定期进行体格检查,参加比赛时要进行补充检查,以便及早发现隐患,采取措施。

(5)注意身体的警号,疲乏、焦虑、长期有时断时续的肌肉酸胀疼痛等是身体发出的警号,若置之不理,则小伤会酿成大伤。软组织损伤一般恢复较慢,若处理不当,轻则造成慢性损伤,重则留下不同程度的功能障碍。

(6)认真总结预防伤害的经验。要认清伤害事故发生的原因,找出其发生的规律,从而更好地进行预防。

3. 健美运动中容易受伤的八个动作

(1)卧推

和大多数人的直观想象不同,受伤概率最高的动作不是深蹲,也不是直立推举,而是卧推。卧推时被器械砸伤和肌肉撕裂的危险都很大,必须加倍小心。

(2)直立推举

直立推举对于上肢所有关节来说都是很危险的。因为训练时重量不可避免地会偏离身体重心线,腰部和肩、肘、腕关节都会因此承受很大的压力。奥运会挺举和抓举采取腿部发力的方式,部分原因就在于此。

(3)颈后臂屈伸

颈后臂屈伸是训练肱三头肌的常见动作,有站立、坐姿和仰卧三种方式。但是从运动生理学的角度来说,只有仰卧臂屈伸是可取的。站立和坐姿颈后臂屈伸时,肩关节都处于非常不利的位置,很容易过度拉伸时。长时间练习这两个动作,肩部受伤的概率大大增加。

(4) 下拉

下拉有胸前器械下拉、颈后器械下拉和引体向上三种方式。当训练者饱受肩肘关节伤痛之苦时,会不会想到这是下拉训练不当的结果呢?很多人喜欢颈后器械下拉,因为它能更大幅度地挤压斜方肌。不幸的是,这同时也意味着大幅度地挤压肩关节和肘关节。

(5) 弯举

弯举是健身者最喜欢的练习之一,但它也是健身者普遍动作最不规范的动作之一,因此练习弯举时受伤的人总是很多。

(6) 仰卧

一般来说,仰卧和侧平举的训练重量不应该低于 10 RM。由于力臂很长,仰卧不需要很大的重量就能深入刺激胸肌。但如果使用很大的重量,肩、肘、腕关节都会承受很大的压力,就像一组铰链的转轴处所承受的那样。

(7) 侧平举

和仰卧相似,侧平举也不应使用大重量。事实上,肩部是全身最不能承受大重量的部位。发达的肩部来自于精确的动作,而不是大重量。侧平举的动作要领是肘部放松,手臂不能伸直。这既是压力集中在肩部的要求,也是避免肘关节受伤的关键。但是练习时刻意追求肘部高于手腕也是危险的,这同样会使压力转移到肘关节。

(8) 双杠臂屈伸

双杠臂屈伸看起来似乎是个相当安全的动作,但每年练习这个动作时受伤的人比练习深蹲时受伤的还多。其原因主要有两条:负重和快速动作。

参 考 文 献

[1] 本书编委会. 北京:人民体育出版社,1999.

[2] 本书编委会. 篮球运动高级教程. 北京:人民体育出版社,2000.

[3] 本书编委会. 现代足球. 北京:人民体育出版社,2000.

[4] 本书编写组. 排球. 北京:人民体育出版社,1979.

[5] 本书编写组. 武术. 北京:高等教育出版社,1996.

[6] 本书编写组. 足球. 北京:高等教育出版社,1995.

[7] 本书编撰委员会. 中国武术百科全书. 北京:中国大百科全书出版社,1998.

[8] 常蕙. 形体训练教程. 北京:北京体育学院出版社,1993.

[9] 冯兆军. 形体训练. 北京:旅游教育出版社,2002.

[10] 郭可愚. 形体美. 北京:人民体育出版社,2002.

[11] 国家体委武术研究院. 中国武术史. 北京:人民体育出版社,1997.

[12] 何倩倩. 美体健身瑜伽. 北京:农村读物出版社,2003.

[13] 黄济湘. 世界排坛百年风云. 上海:上海教育出版社,1998.

[14] 黄叔怀,等. 体育保健学. 北京:高等教育出版社,1997.

[15] 季浏. 体育与健康. 上海:华东师范大学出版社,1999.

[16] 江百龙,等. 武术理论基础. 北京:人民体育出版社,1995.

[17] 江伟康. 大学生健康教育读本. 第二版. 上海:上海医科出版社,1998.

[18] 李育林. 健与美教程. 南京:南京大学出版社,2001.

[19] 凌群里,胡乐永. 教你打乒乓球. 南京:江苏科学技术出版社,1999.

[20] 刘卫军. 跆拳道. 北京:北京体育大学出版社,2005.

[21] 龙佩林,杨斌. 大学体育与健康教育. 北京:民族出版社,2001.

[22] 卢昌亚,曹可强. 大学体育. 上海:华东理工大学出版社,2004.

[23] 陆涛. 健康教育. 北京:高等教育出版社,2006.

[24] 吕高飞,韩光胜. 大学体育健康基础理论与实践. 北京:清华大学出版社,2004.

[25] 马启伟. 体育心理学. 北京:高等教育出版社,1997.

[26] 马毅,等. 体育运动入门丛书——篮球. 北京:人民体育出版社,1997.

[27] 倪丰国,祝嘉铭. 排球技战术研究. 上海:上海教育出版社,1979.

［28］年维泗.足球.北京:北京体育学院出版社,1990.

［29］孙民治.篮球.北京:高等教育出版社,1995.

［30］体育院校教材《乒乓球》编写组.乒乓球.北京:人民体育出版社,1992.

［31］王洪.健美操教程.北京:人民体育出版社,2000.

［32］王家宏.怎样打羽毛球.苏州:苏州大学出版社,1998.

［33］肖光来.健美操.北京:人民体育出版社,2004.

［34］裔程洪,任福兴,等.健美运动.北京:人民体育出版社,1990.

［35］虞重干.排球运动.北京:人民体育出版社,1999.

［36］袁伟民.中国排球运动史.武汉:武汉出版社,1994.

［37］袁野.球类实践课教法教程.南京:南京师范大学出版社,2001.

［38］张然.世界排球发展态势.中国排球,1997(4),29-33.

［39］中国大百科全书(体育).北京:中国大百科全书出版社,1982.

［40］朱晓梅.大学体育系列教材——篮球.合肥:合肥工业大学出版社,2003.